AF389578

BIBLIOTHÈQUE

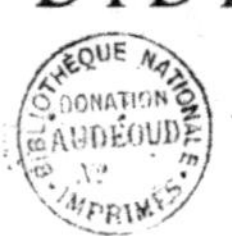

DE

L'ARCHITECTE

PAR

M. CÉSAR DALY

SÉRIE DES ÉTUDES D'ARCHITECTURE HISTORIQUE

-I
(2)

MOTIFS

D'ARCHITECTURE ET DE SCULPTURE D'ORNEMENT

MOTIFS HISTORIQUES

D'ARCHITECTURE ET DE SCULPTURE D'ORNEMENT

(PREMIÈRE SÉRIE)

DÉCORATIONS EXTÉRIEURES

EMPRUNTÉES A DES MONUMENTS FRANÇAIS

DU COMMENCEMENT DE LA RENAISSANCE A LA FIN DE LOUIS XVI

(XVIᵉ, XVIIᵉ ET XVIIIᵉ SIÈCLES)

★

PORTES — PANNEAUX SCULPTÉS — FENÊTRES — CHAMBRANLES — LUCARNES — ŒILS-DE-BŒUF — NICHES — CORNICHES
MASCARONS — BALUSTRES
AMORTISSEMENTS DIVERS — VASES — FONTAINES — VASQUES — CLEFS ORNÉES, ETC., ETC., ETC.
SCULPTURE D'ORNEMENT EN MARBRE, PIERRE, BOIS, PLOMB, BRONZE, ETC.

★

PAR M. CÉSAR DALY

ARCHITECTE DU GOUVERNEMENT

Directeur-fondateur de la *Revue générale de l'Architecture et des Travaux publics*, auteur de l'*Architecture privée au* XIXᵉ *siècle*,
ou *Nouvelles Maisons de Paris et des Environs*, des *Décorations extérieures, intérieures et Décorations peintes*
des *Nouvelles Maisons de Paris et des Environs*, des *Théâtres de la place du Châtelet* (en collaboration), de l'*Architecture funéraire, spécimens de Tombeaux, Mausolées*, etc., etc.
Membre étranger de l'Académie royale des Beaux-Arts de Stockholm, Membre honoraire et correspondant de l'Institut royal des Architectes britanniques,
Membre associé honoraire de l'Académie impériale de Saint-Pétersbourg,
Membre associé de l'Académie royale des Beaux-Arts de Belgique, Membre de l'Académie royale des Beaux-Arts
des Pays-Bas, Membre honoraire de l'Institut américain des Architectes, Membre honoraire de la Société pour la propagation de l'Architecture d'Amsterdam,
Membre associé correspondant de l'Association des Architectes civils portugais à Lisbonne, etc., etc.

VOLUME SECOND

PARIS

LIBRAIRIE GÉNÉRALE DE L'ARCHITECTURE ET DES TRAVAUX PUBLICS

DUCHER ET Cⁱᵉ

LIBRAIRES-ÉDITEURS, 51, RUE DES ÉCOLES

—

1881

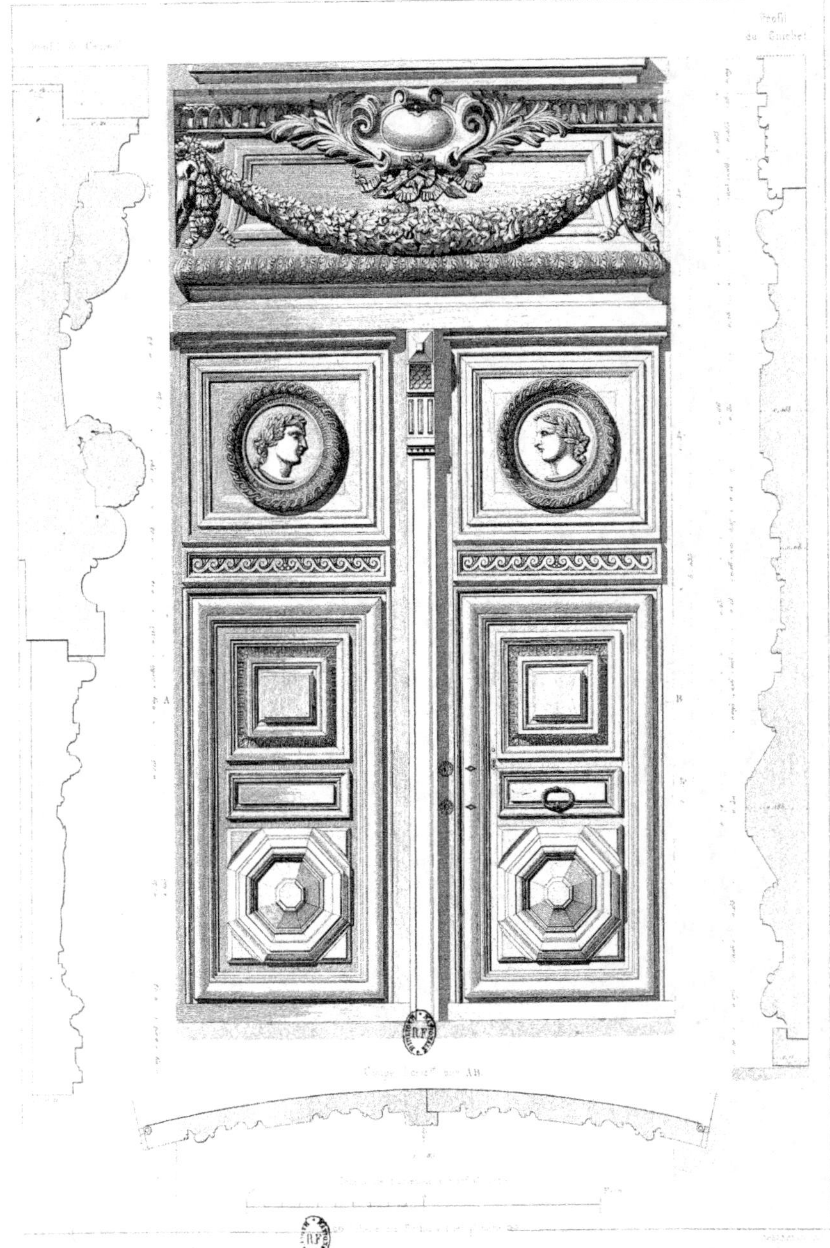

STYLE LOUIS XIV

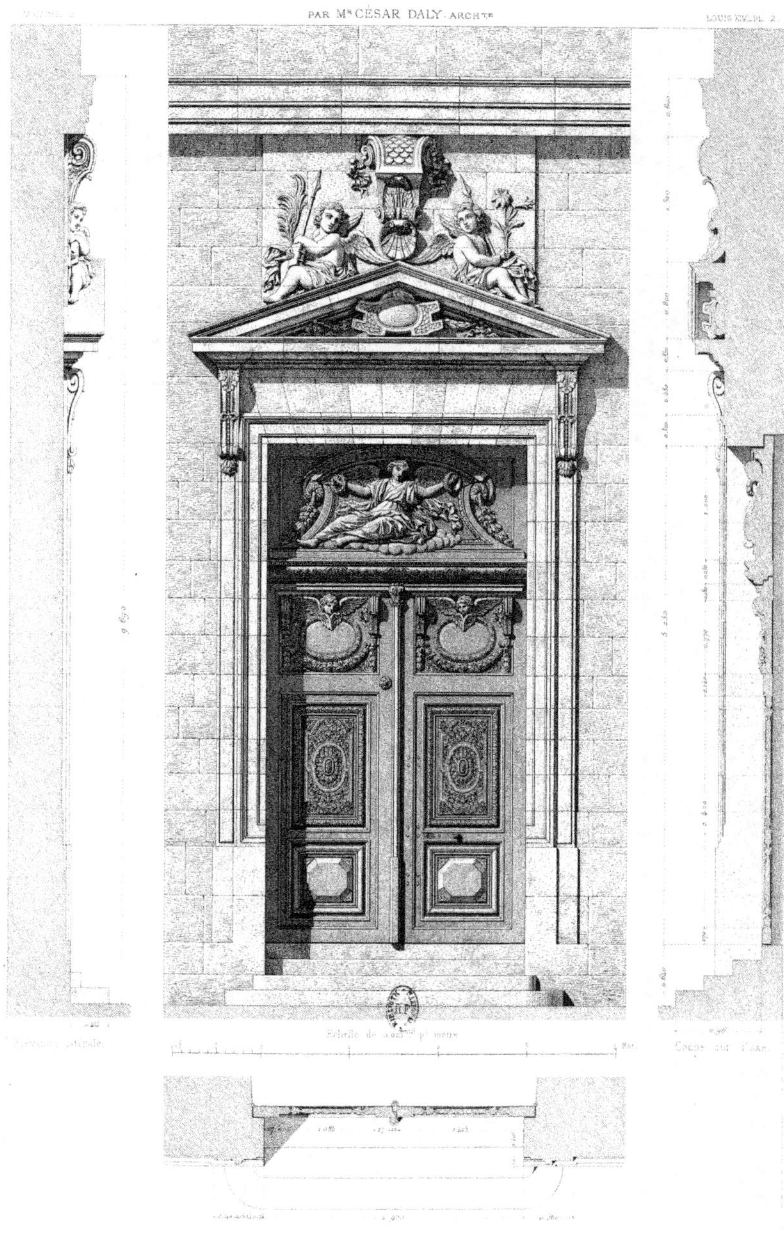

STYLE LOUIS XIV

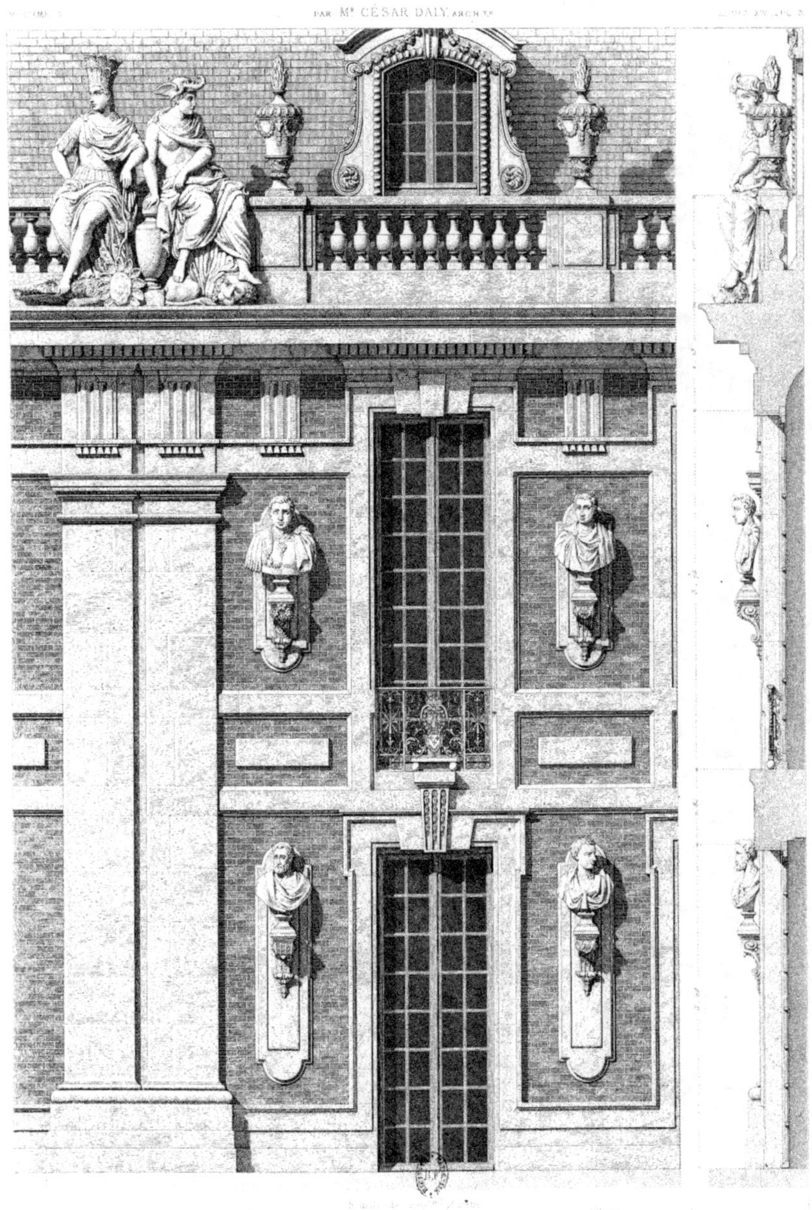

STYLE LOUIS (XIII-XIV)

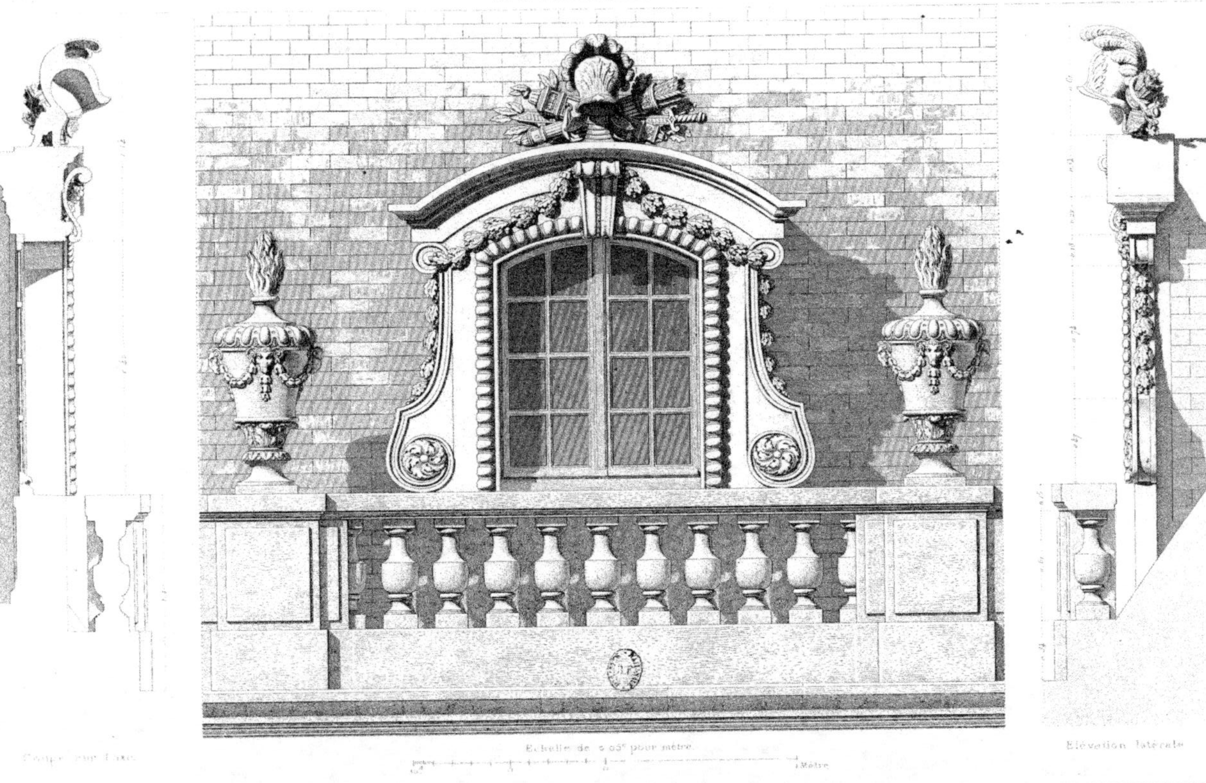

MOTIFS HISTORIQUES
par Mr CÉSAR DALY, archte
Coupe sur l'axe
Échelle de 0.05 pour mètre
Mètre
Élévation latérale
STYLE LOUIS XIV

STYLE LOUIS XIV

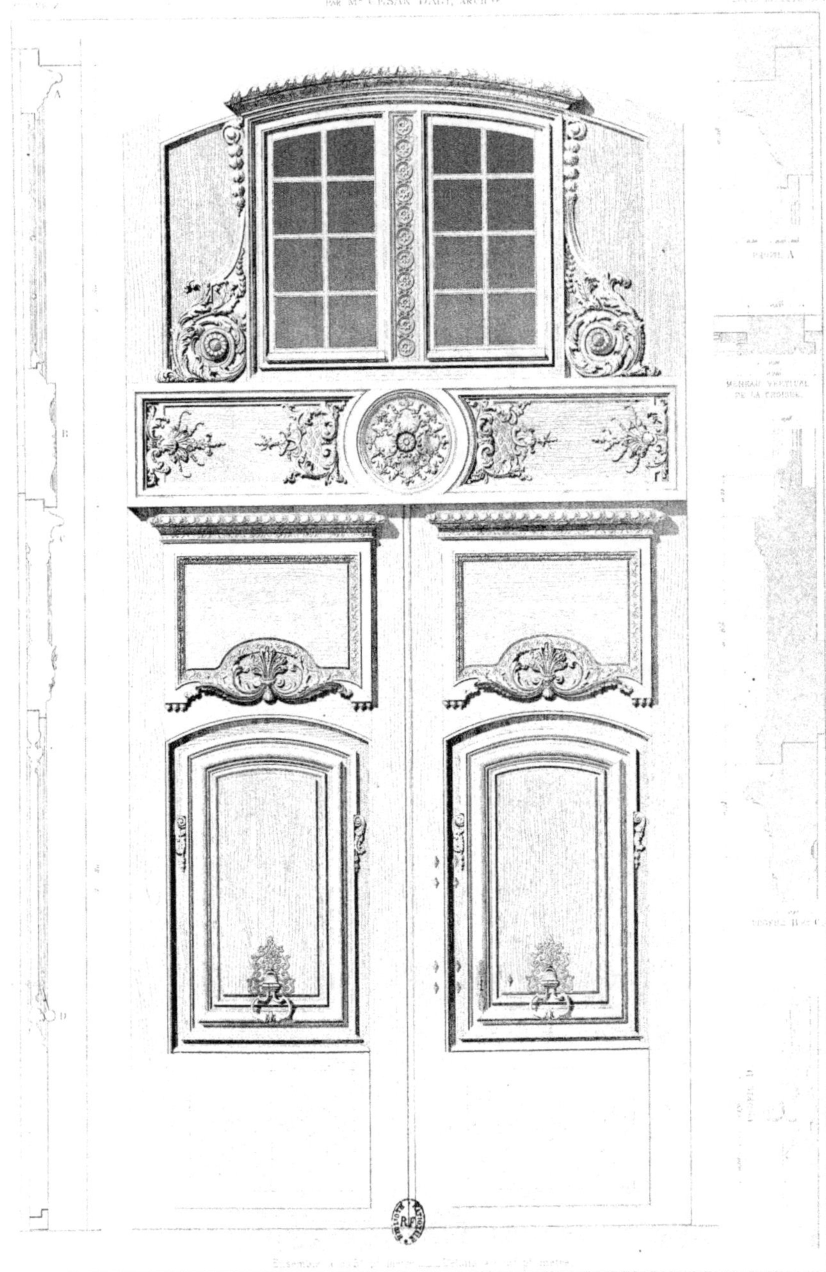

STYLE LOUIS XIV.

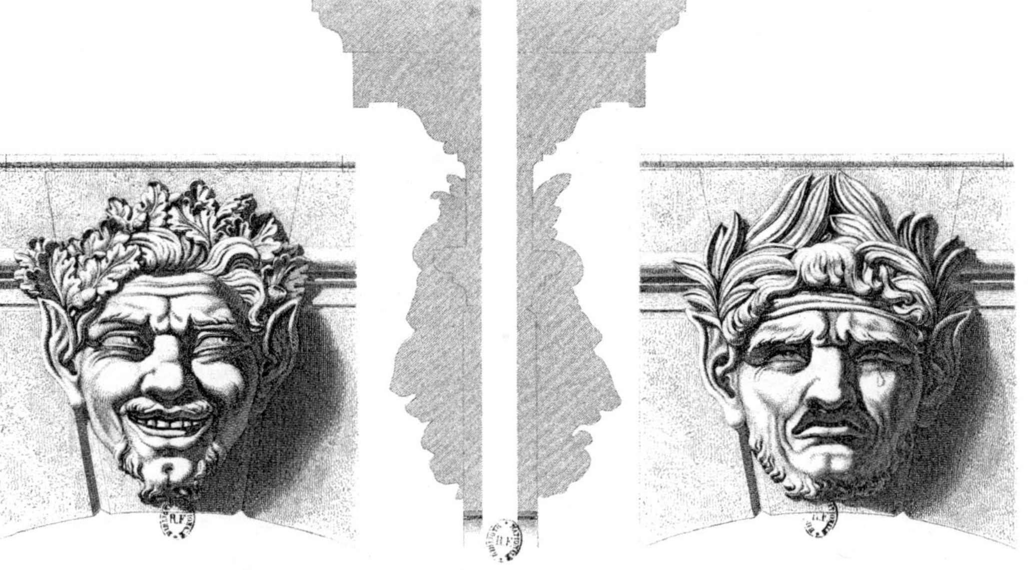

STYLE LOUIS XIV.

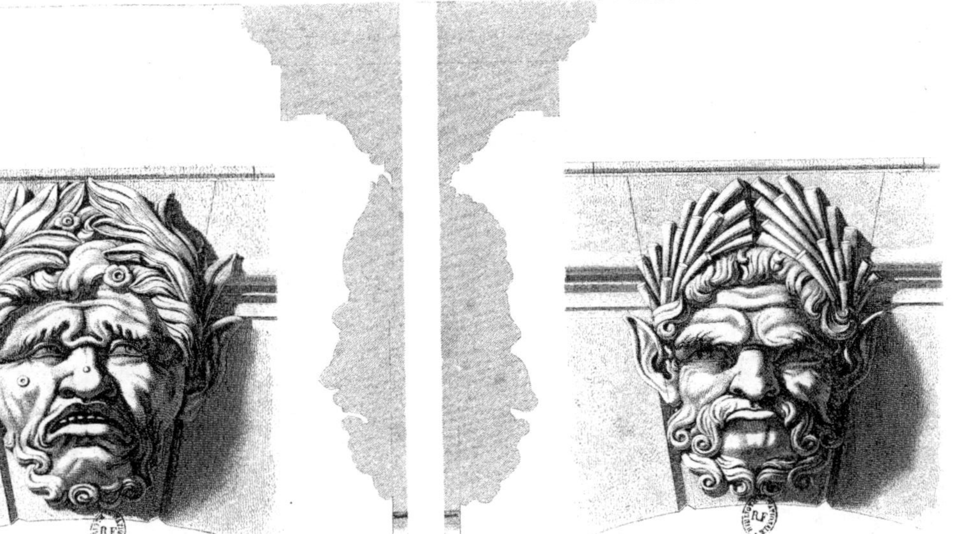

STYLE LOUIS XIV.

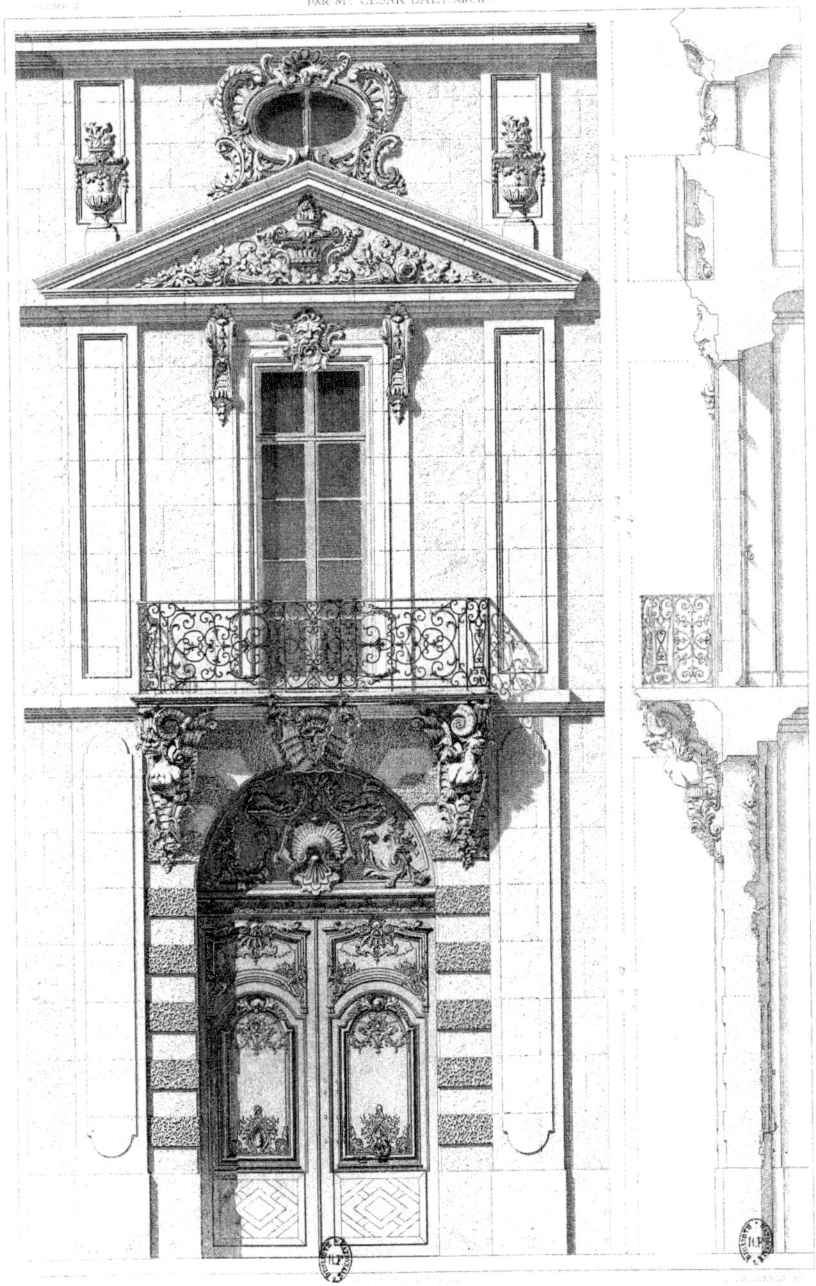

STYLE LOUIS XIV

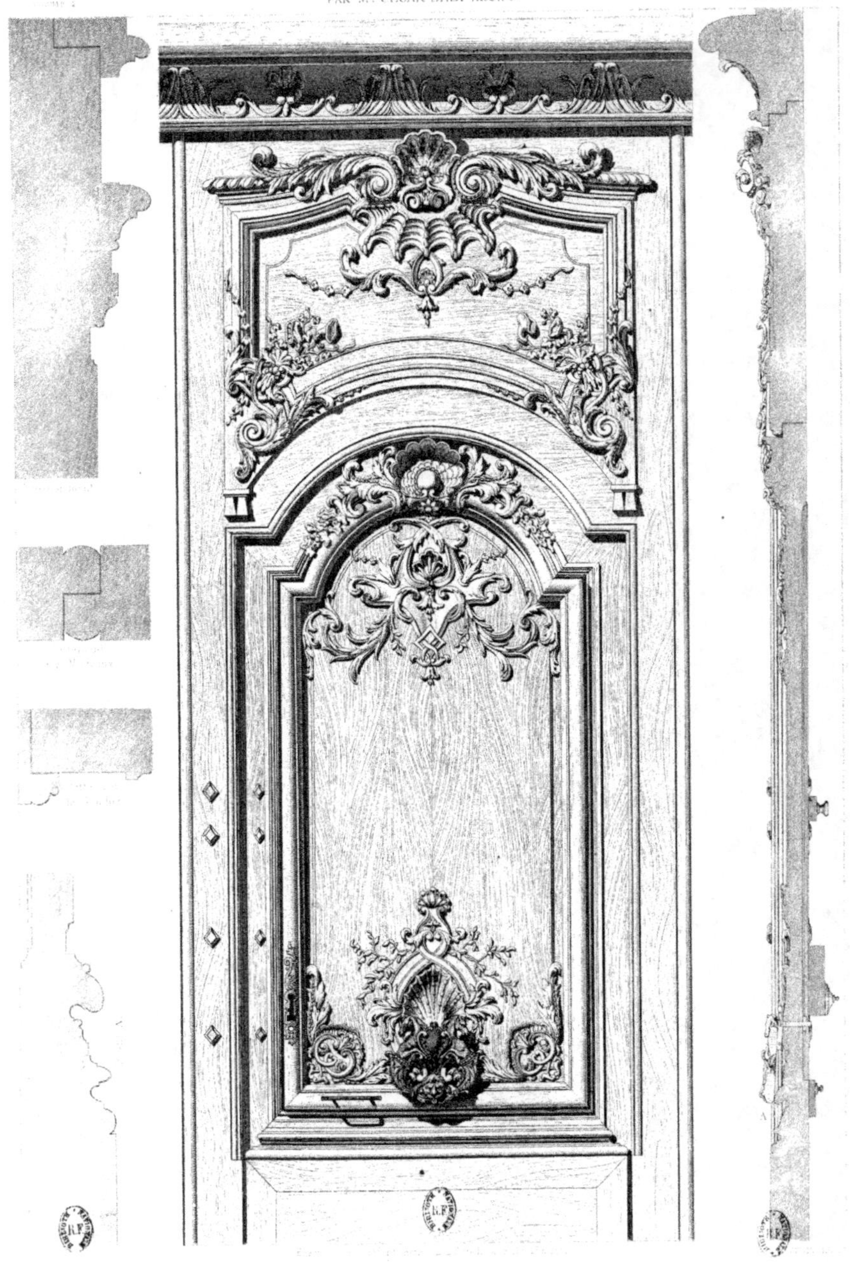

STYLE LOUIS XIV

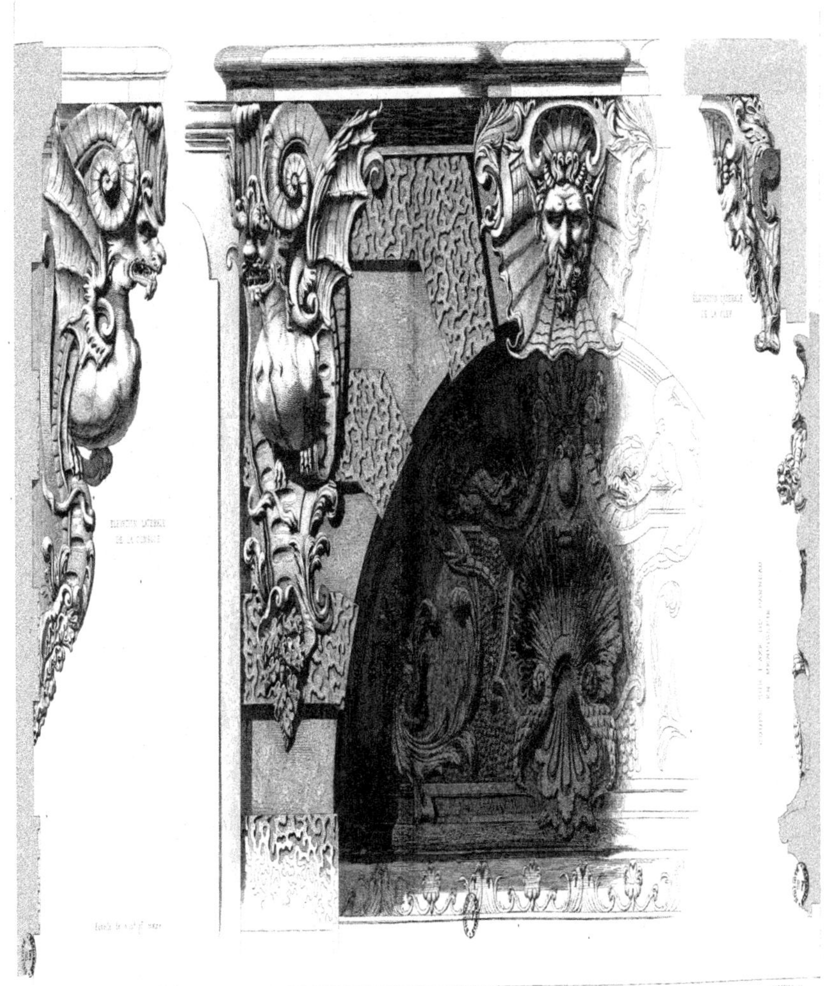

STYLE LOUIS XIV

HÔTEL — RUE ST LOUIS EN L'ILE A PARIS — PORTE COCHÈRE

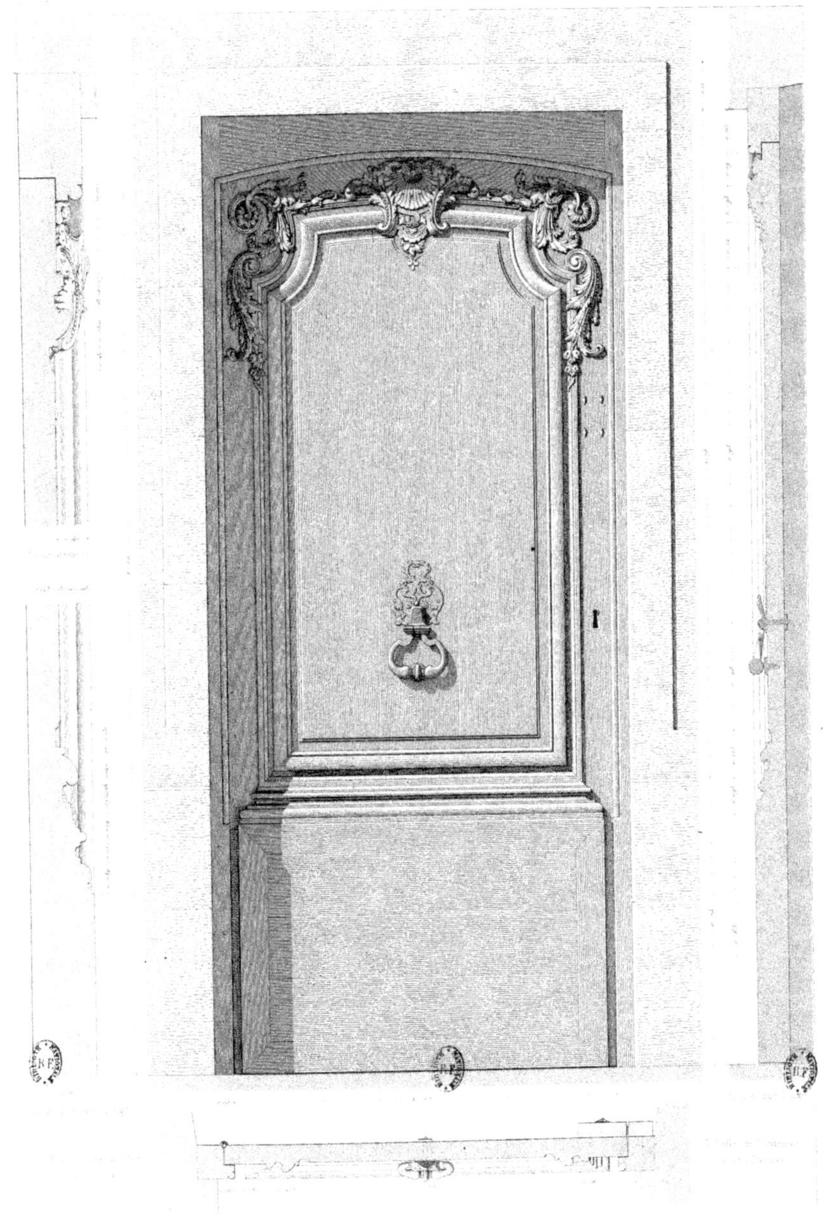

STYLE LOUIS XIV.

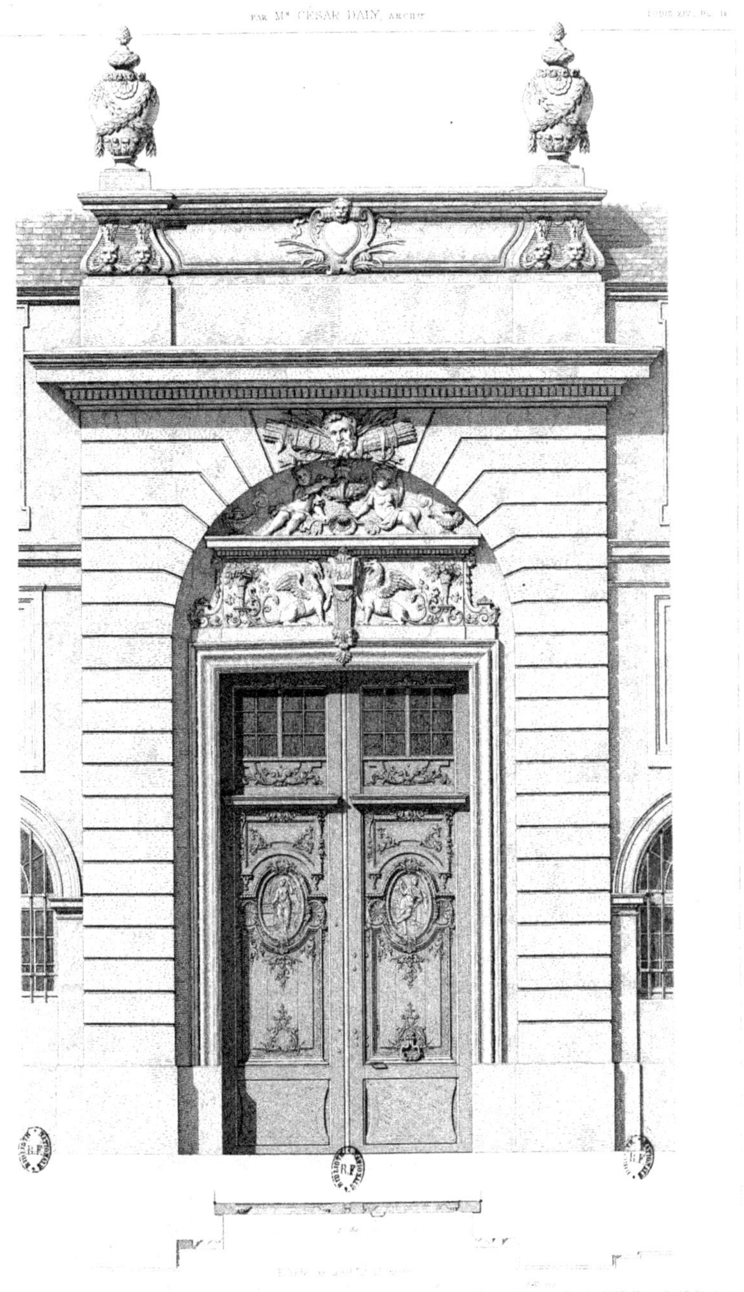

STYLE LOUIS XIV.

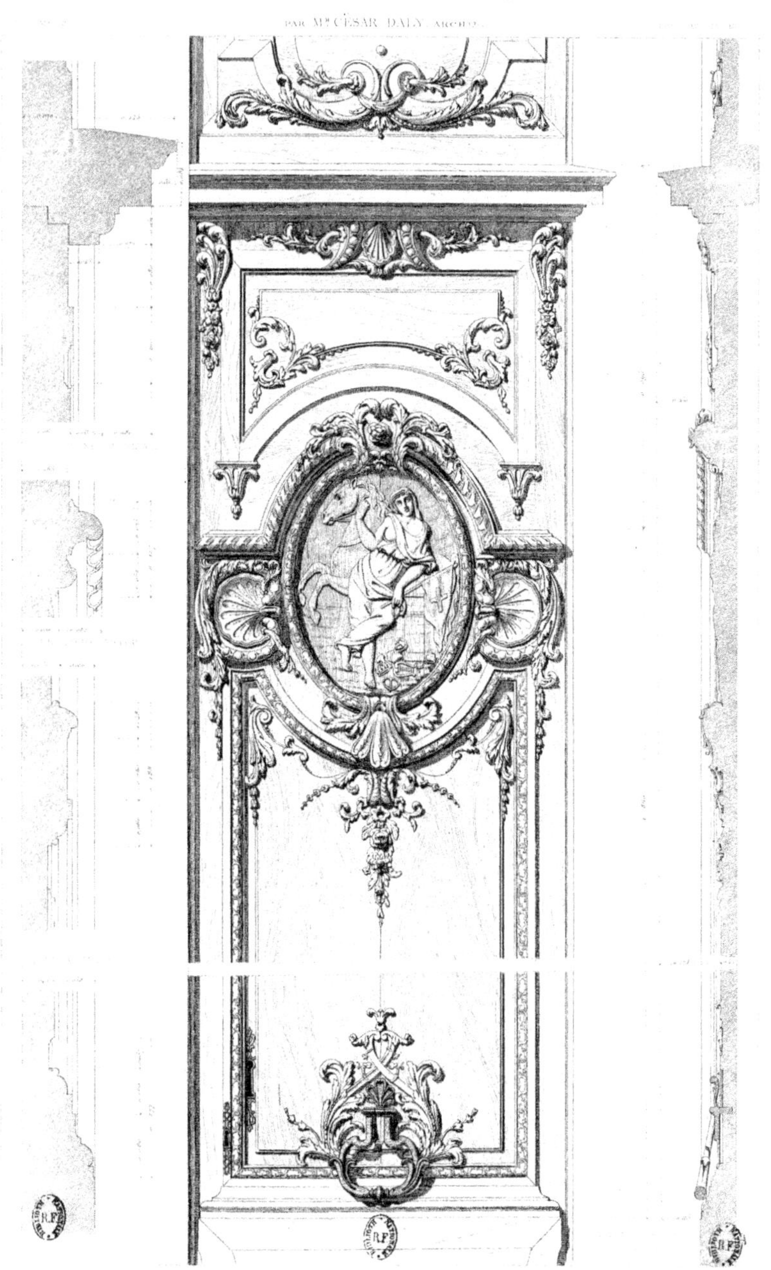

STYLE LOUIS XIV

MOTIFS HISTORIQUES.

PAR M. CÉSAR DALY, ARCH.TE

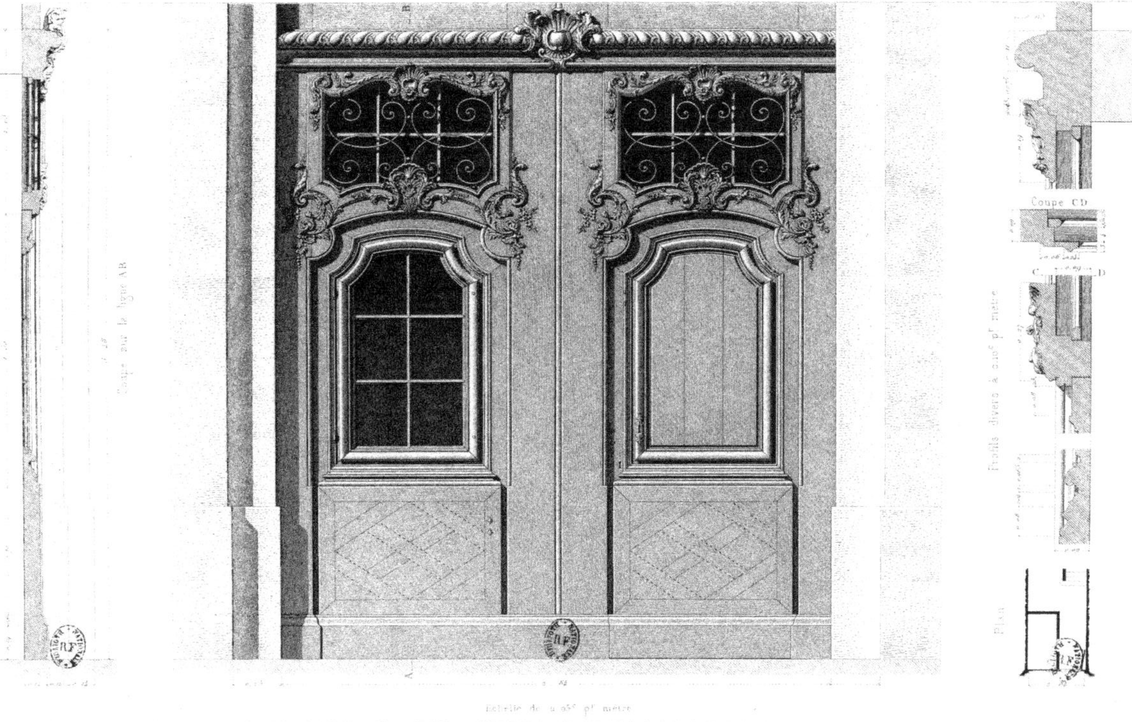

STYLE LOUIS XIV.

PORTE, RUE DES BILLETTES N.° 7, A PARIS

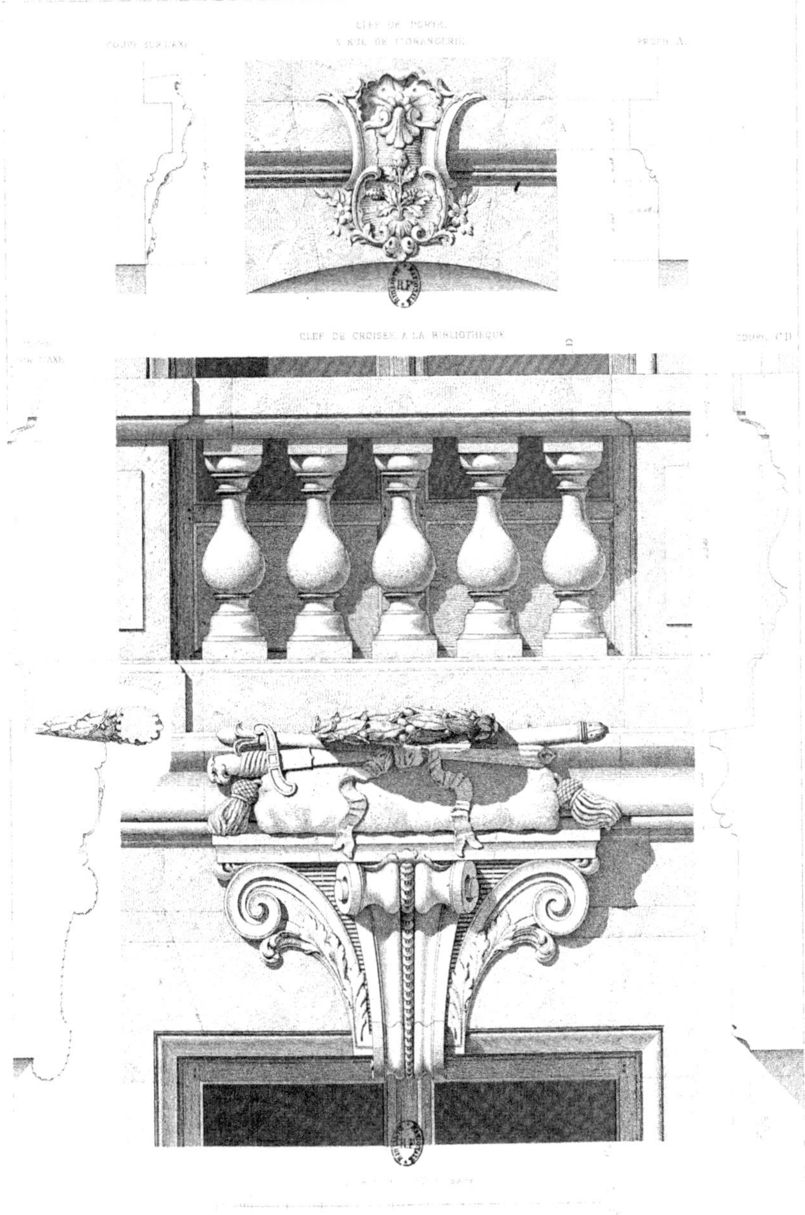
COUPE SUR L'AXE
CLEF DE PORTE
A L'AILE DE L'ORANGERIE
PROFIL A
CLEF DE CROISÉE A LA BIBLIOTHÈQUE
COUPE CD

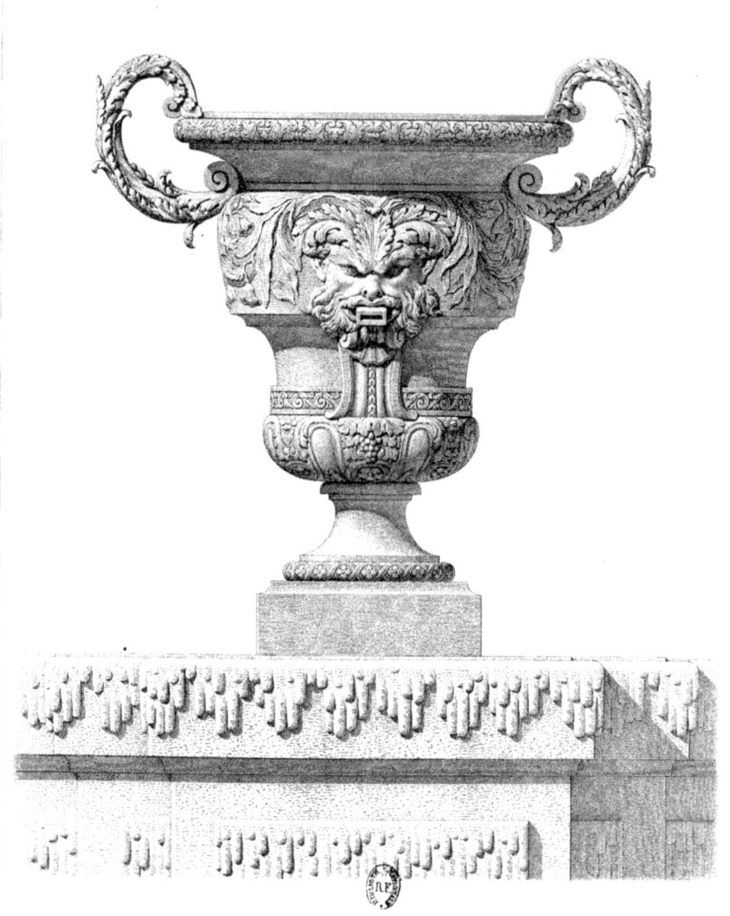

STYLE LOUIS XIV

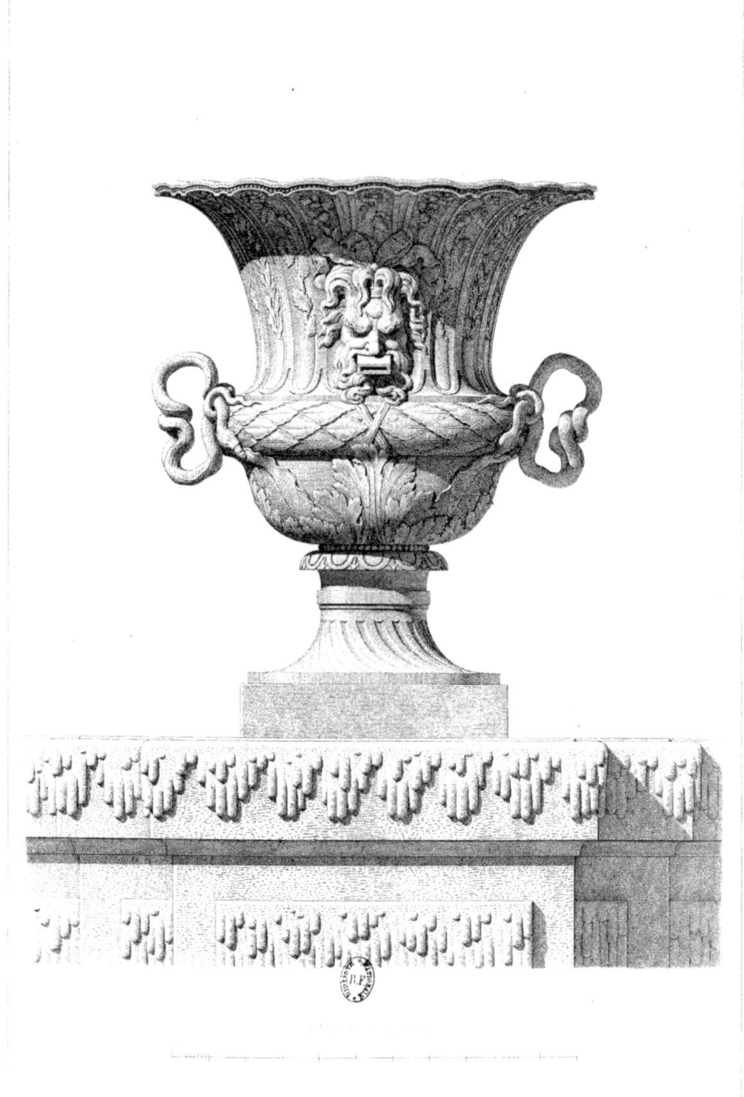

STYLE LOUIS XIV.

STYLE LOUIS XIV
PALAIS DE VERSAILLES — COUR DE MARBRE — BALCON

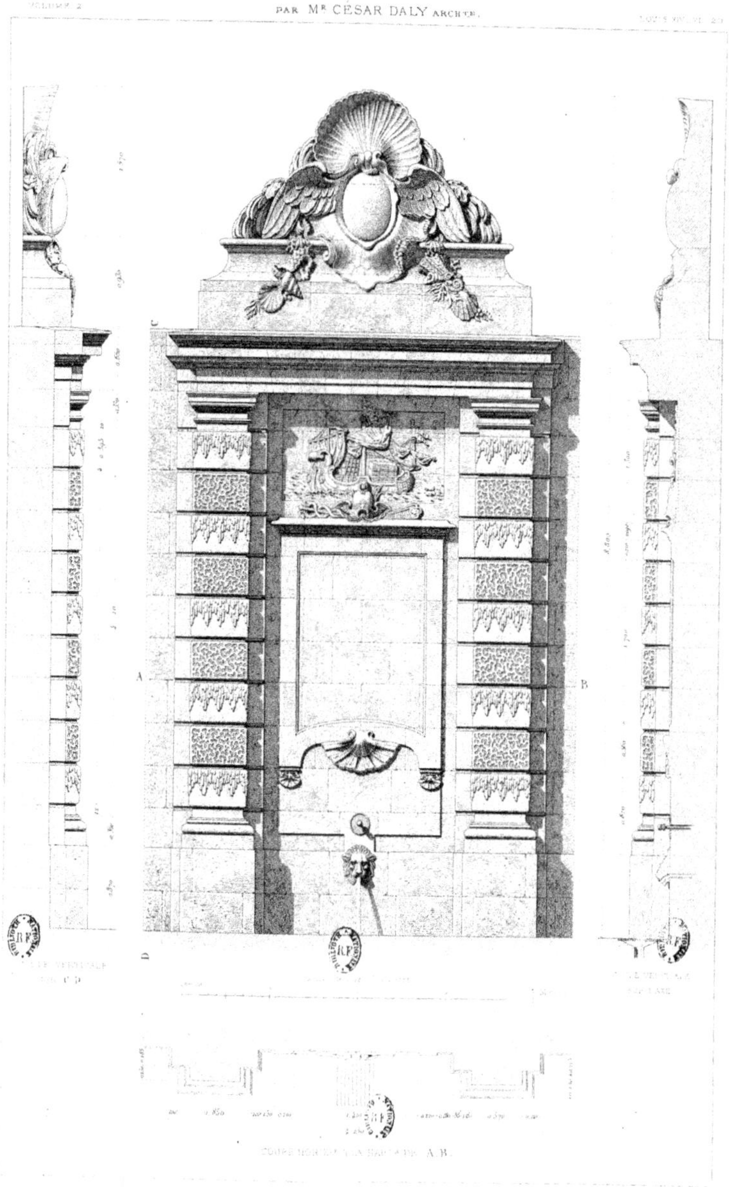

STYLE LOUIS XIV

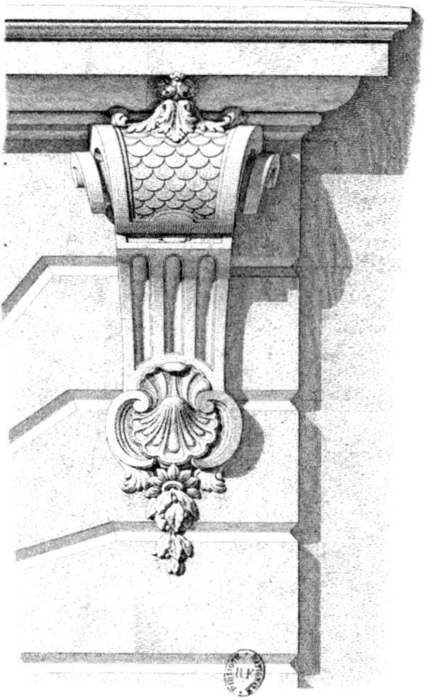
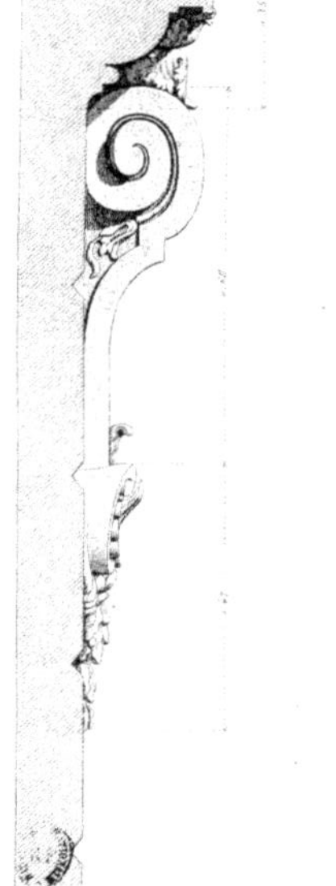

STYLE LOUIS XIV.
CONSOLES A PARIS ET A VERSAILLES.

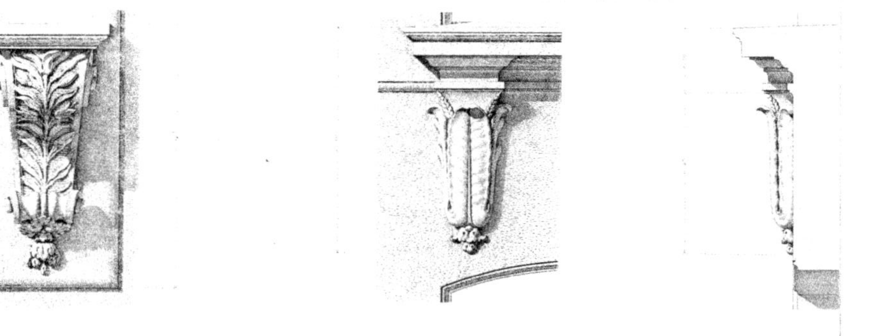
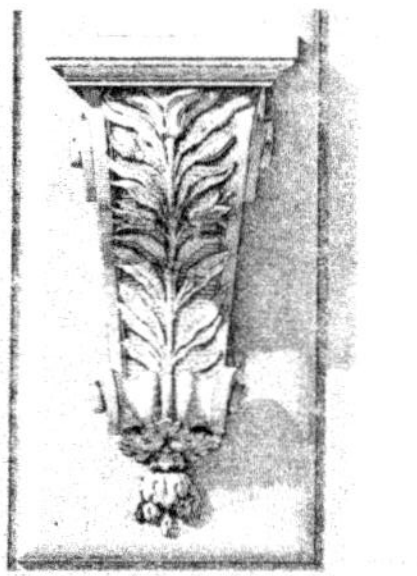
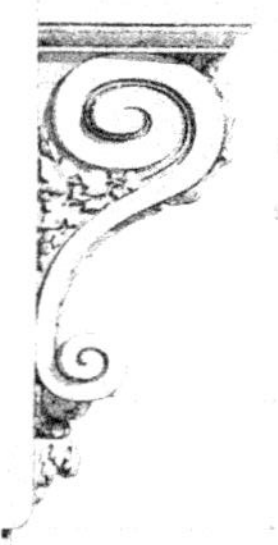
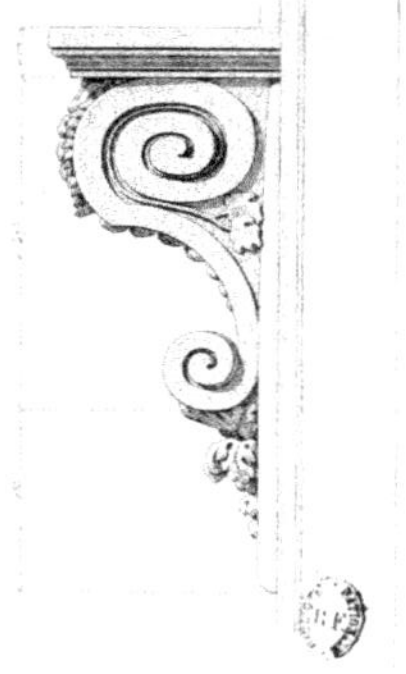
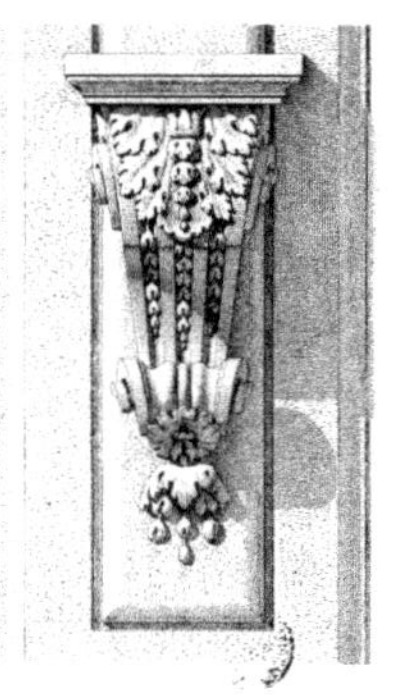
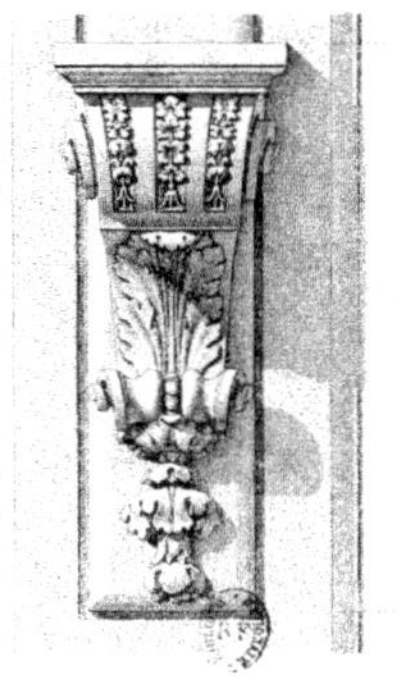
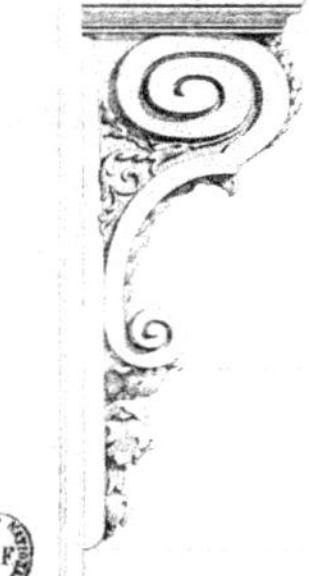
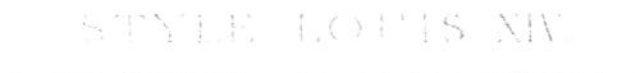

PALAIS DE VERSAILLES

MOTIFS HISTORIQUES.

PAR Mr CÉSAR DALY, ARCHte

CROISÉES, AU COIN DES RUES PAGEVIN ET DES VIEUX AUGUSTINS.

PORTE, QUAI BOURBON.

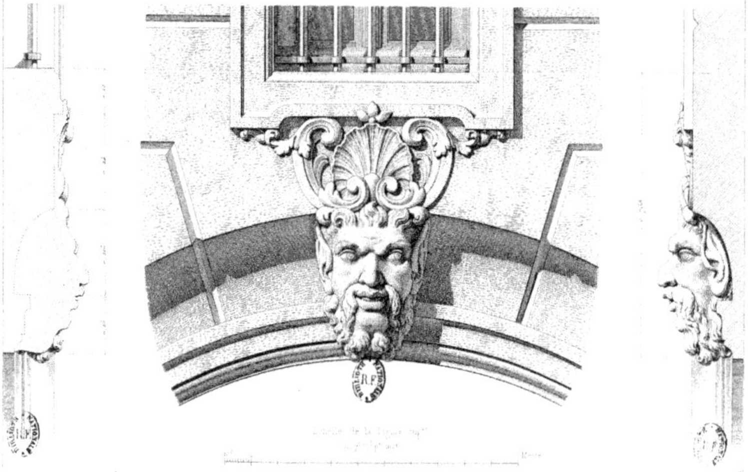

STYLE LOUIS XIV.

CLEFS CONSOLES, À PARIS.

MOTIFS HISTORIQUES
PAR Mᵣ CÉSAR DALY, ARCHᵗᵉ
PLAN
STYLE LOUIS XIV

STYLE LOUIS XIV. (FIN)

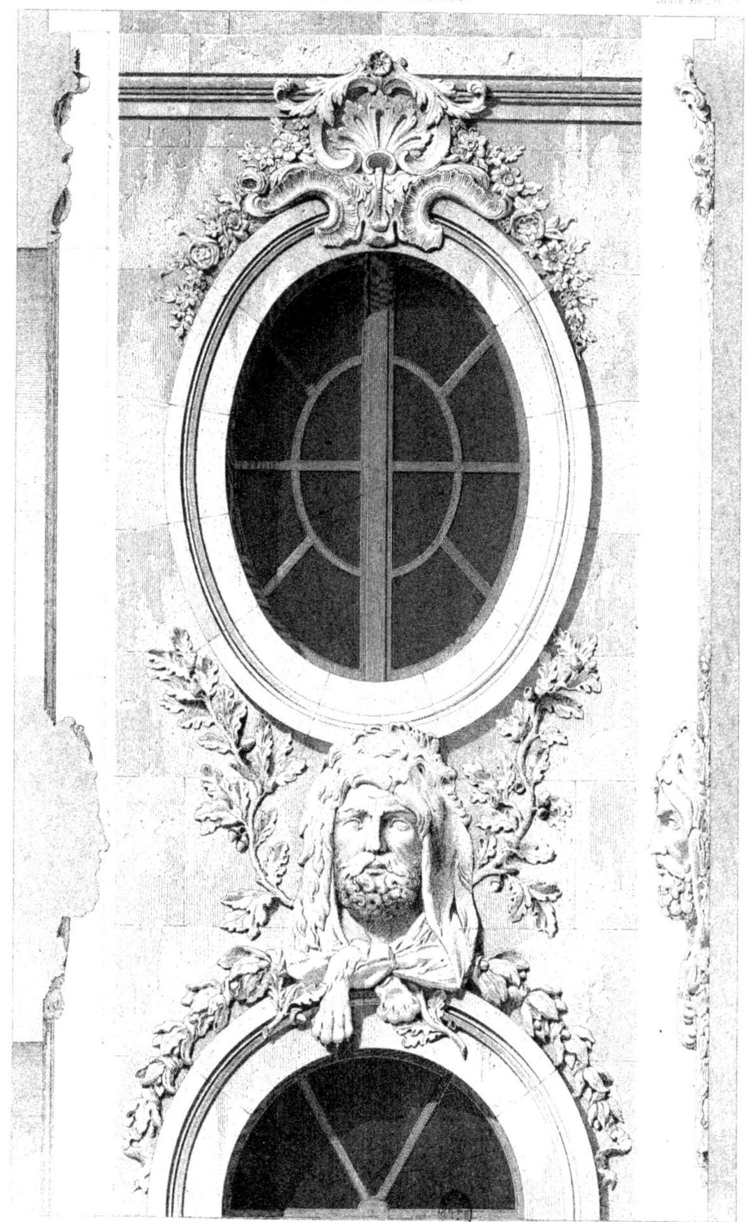

STYLE LOUIS XIV (FIN)

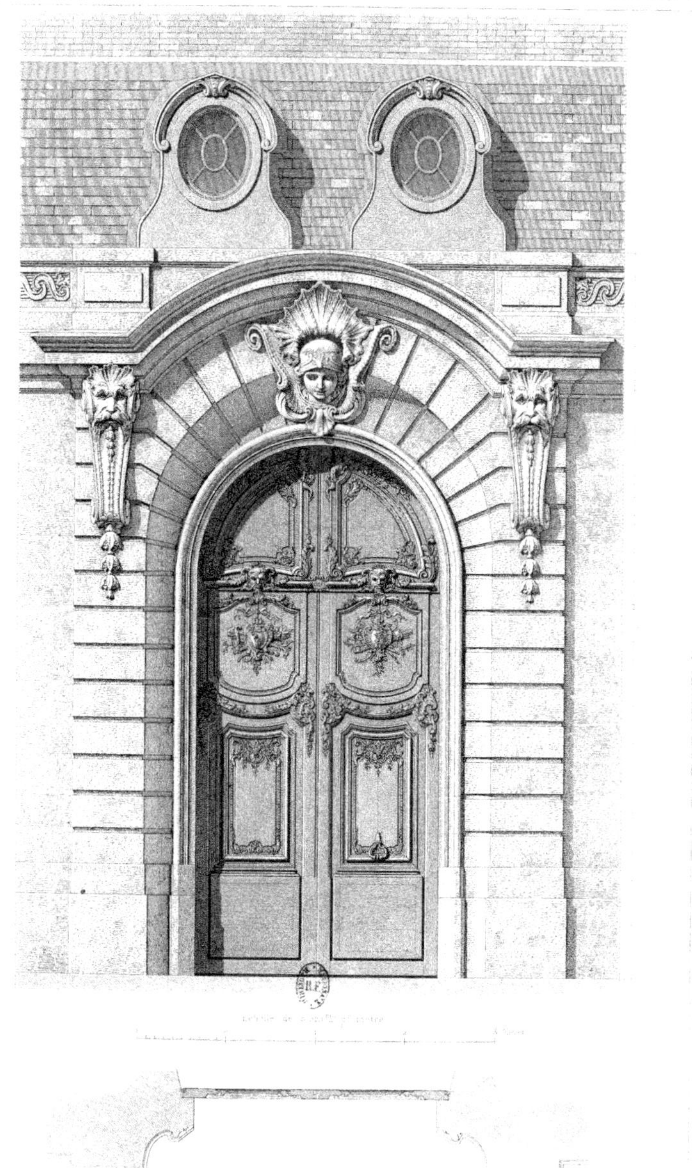

STYLE LOUIS XV

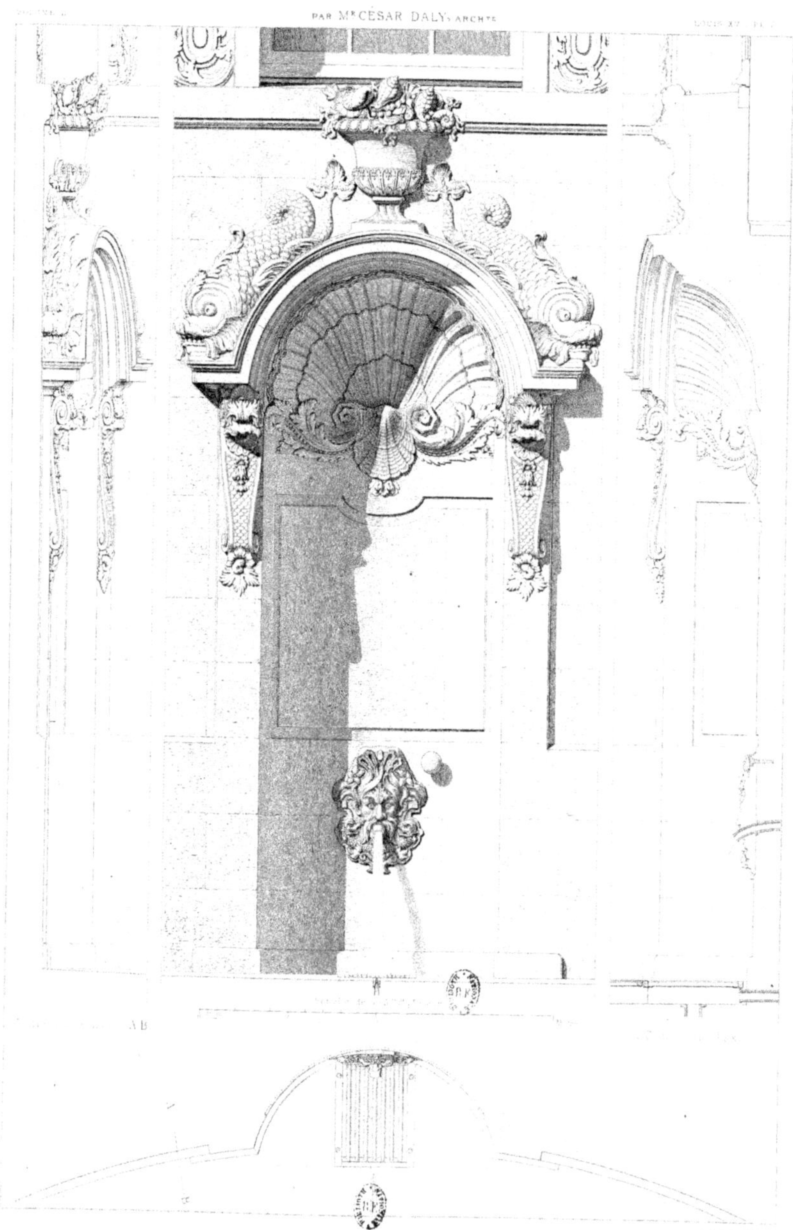

STYLE LOUIS XV

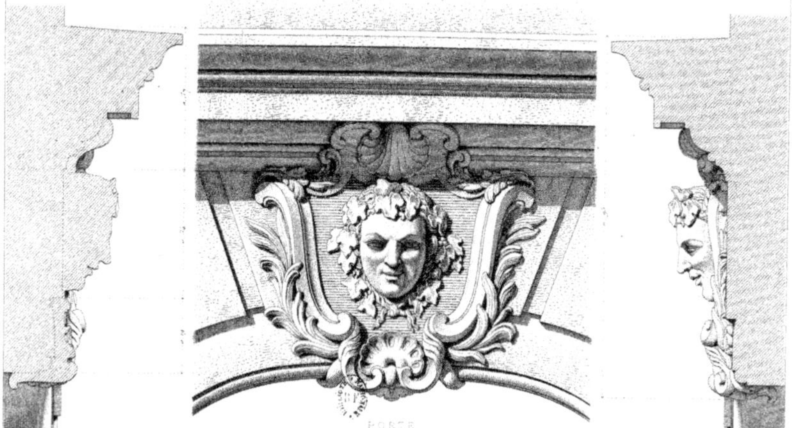

PORTE
RUE St GERMAIN L'AUXERROIS

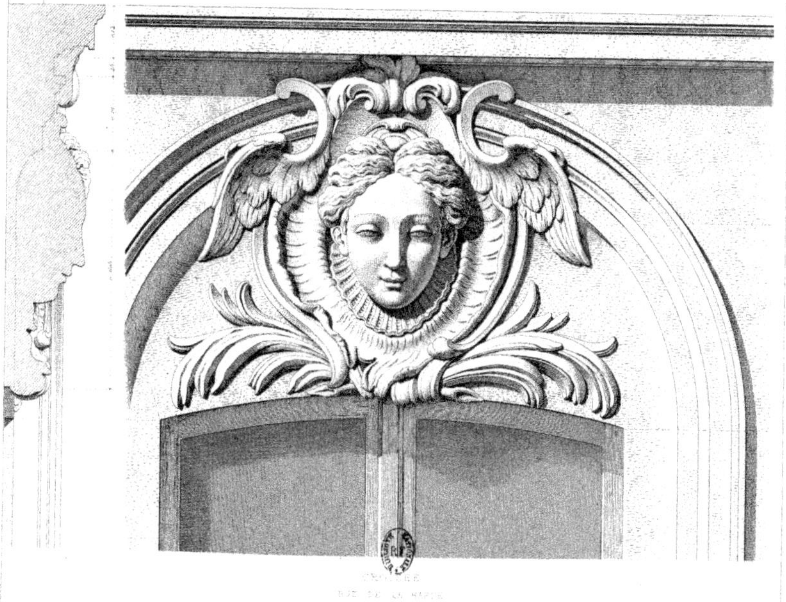

FENÊTRE
RUE DE LA HARPE

STYLE LOUIS XV.

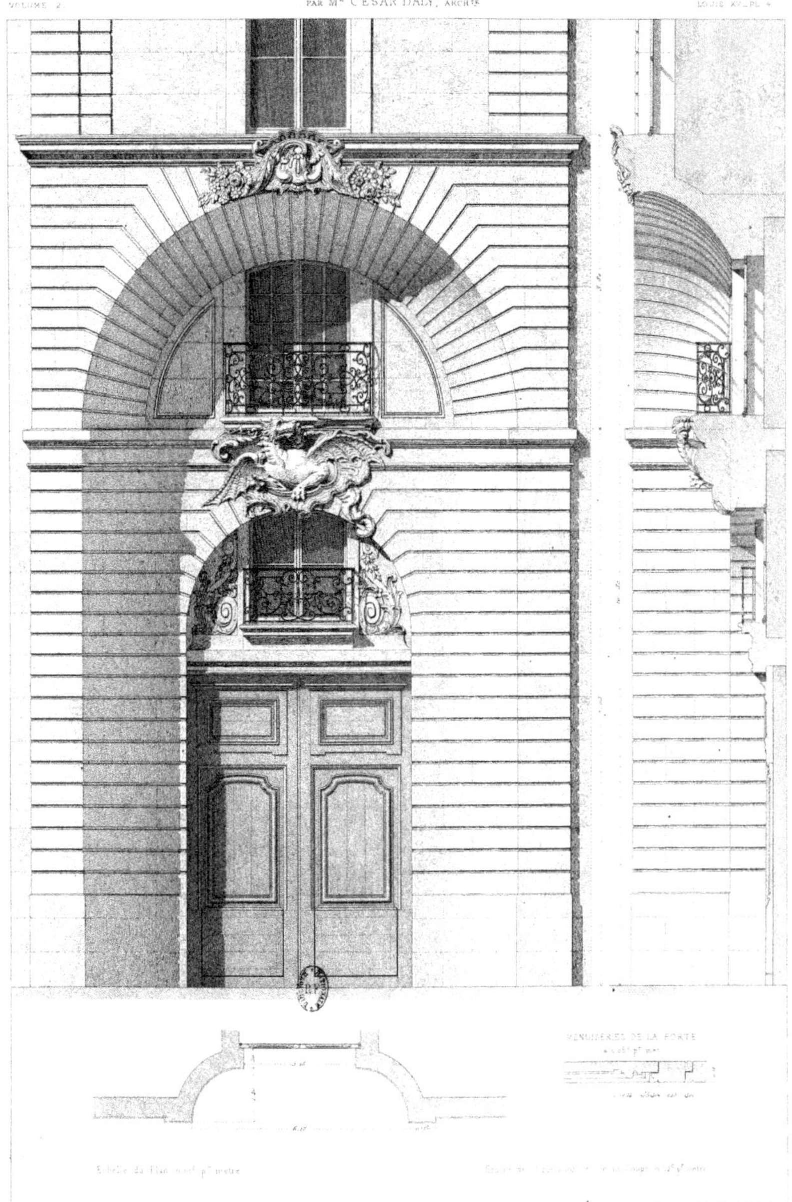

STYLE LOUIS XV.

MOTIFS HISTORIQUES

par Mr CÉSAR DALY, archite.

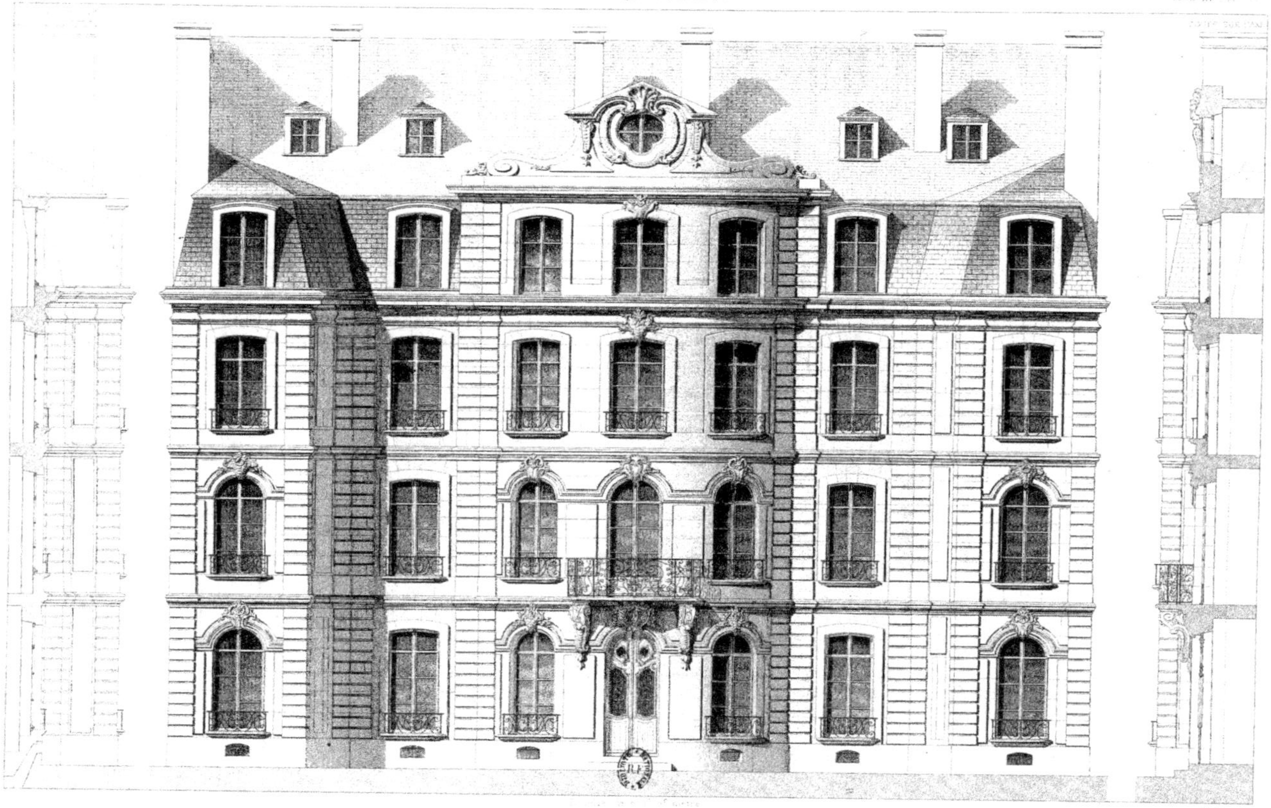

STYLE LOUIS XV.

Maison à Paris, rue St Denis, N° 374. — Façade principale.

MOTIFS HISTORIQUES
PAR Mr CÉSAR DALY, ARCHte

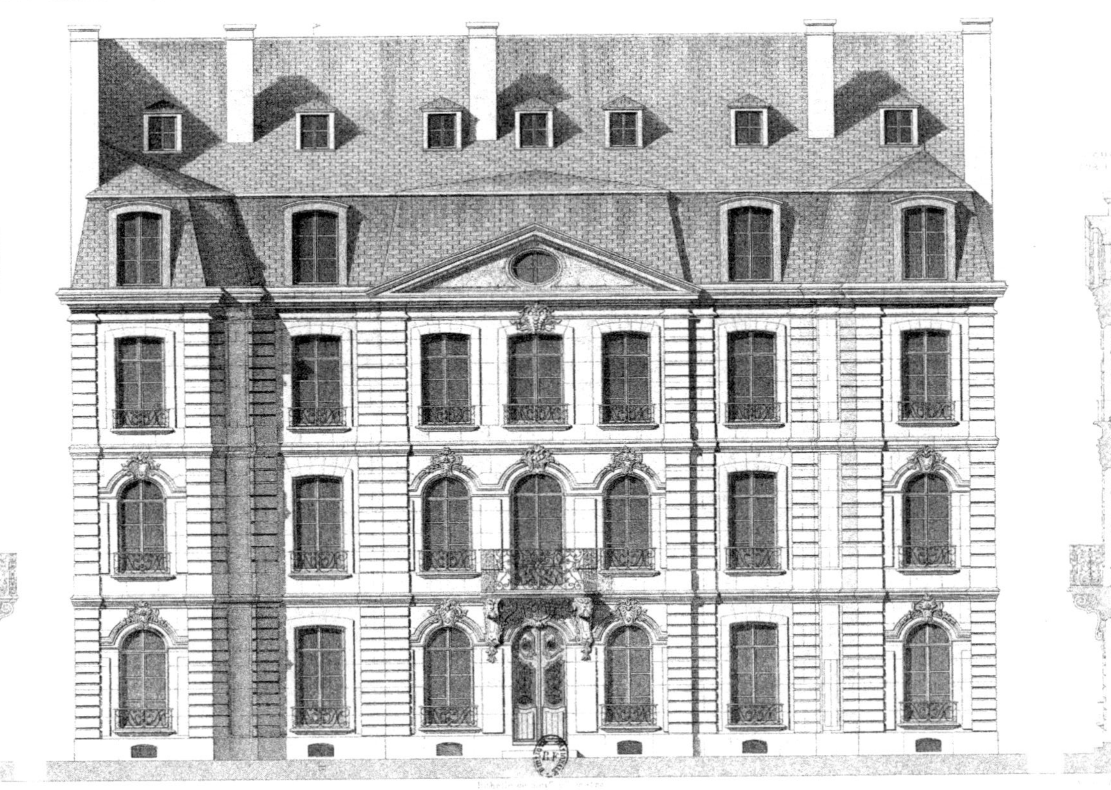

STYLE LOUIS XV

MOTIFS HISTORIQUES

PAR Mr CÉSAR DALY, ARCHte

CLEFS DES CROISÉES
DU REZ-DE-CHAUSSÉE ET DU 1er ÉTAGE (PAVILLON DES [illegible])
(Échelle de [illegible] p. mètre)

STYLE LOUIS XV

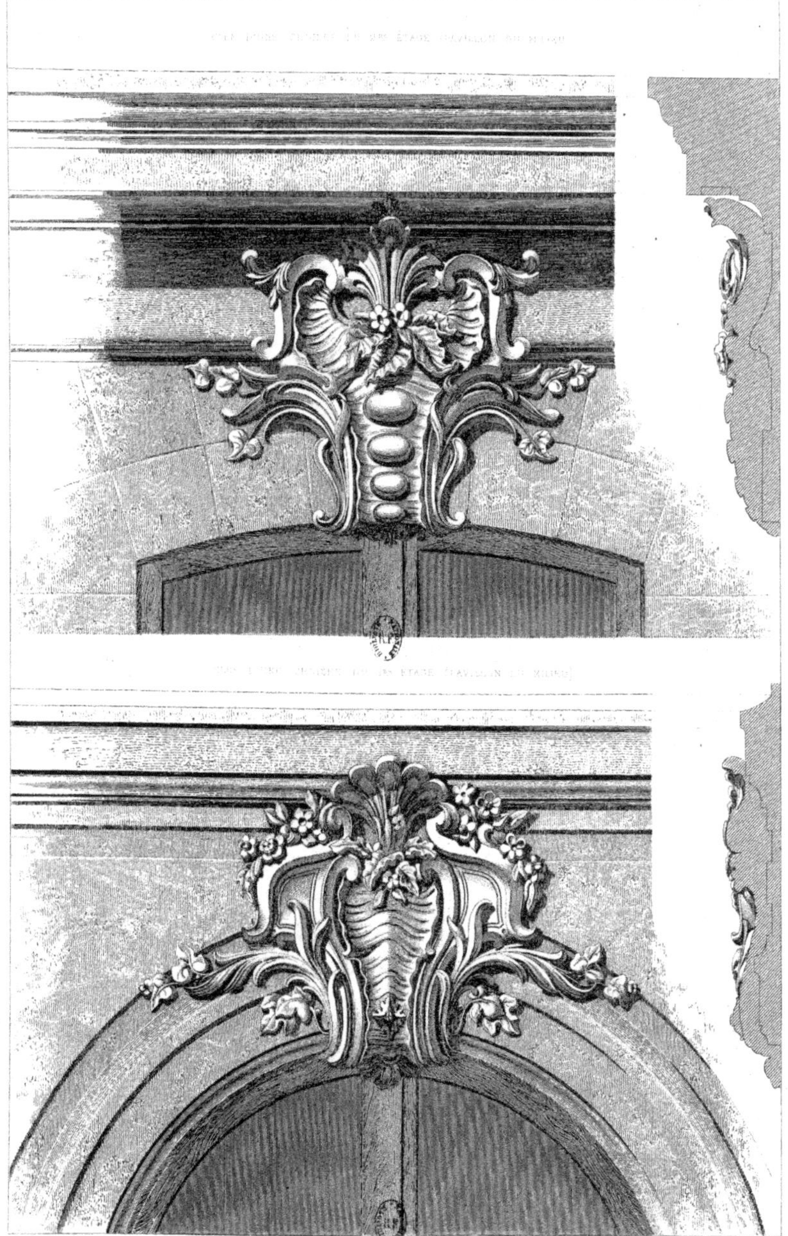

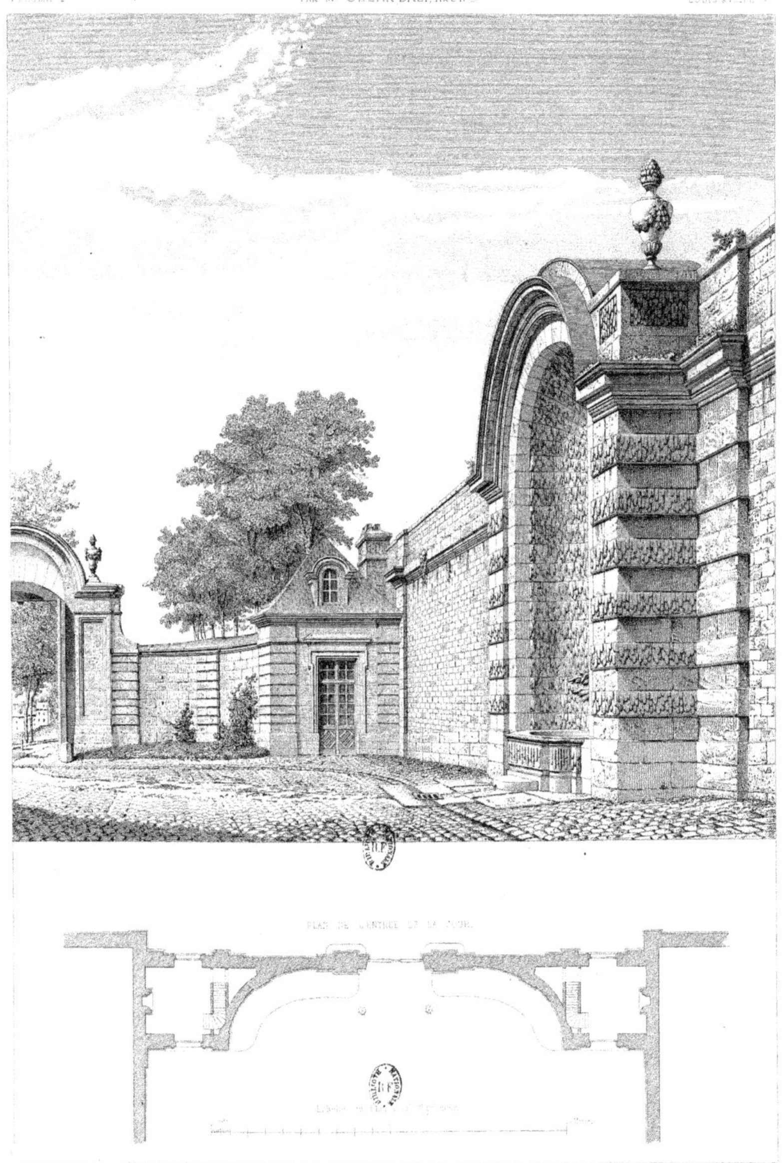

STYLE LOUIS XV.

MANUFACTURE DE SÈVRES — COUR DES FONDEURS — VUE GÉNÉRALE

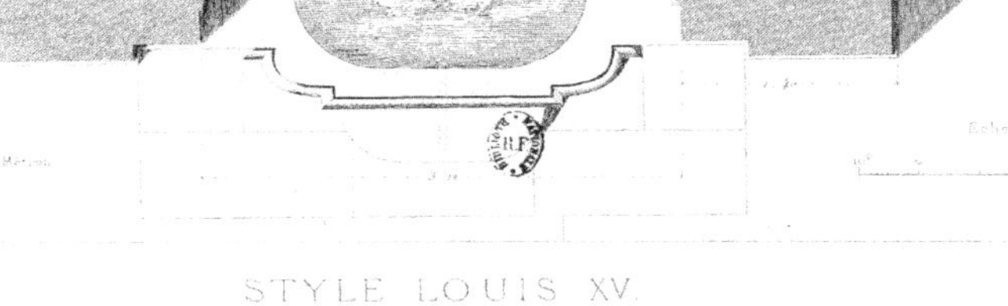

MOTIFS HISTORIQUES.
PAR M. CÉSAR DALY, ARCH.
PLAN DE LA FONTAINE
STYLE LOUIS XV.
MANUFACTURE DE SÈVRES — FONTAINE DE LA COUR D'ENTRÉE — MASCARON

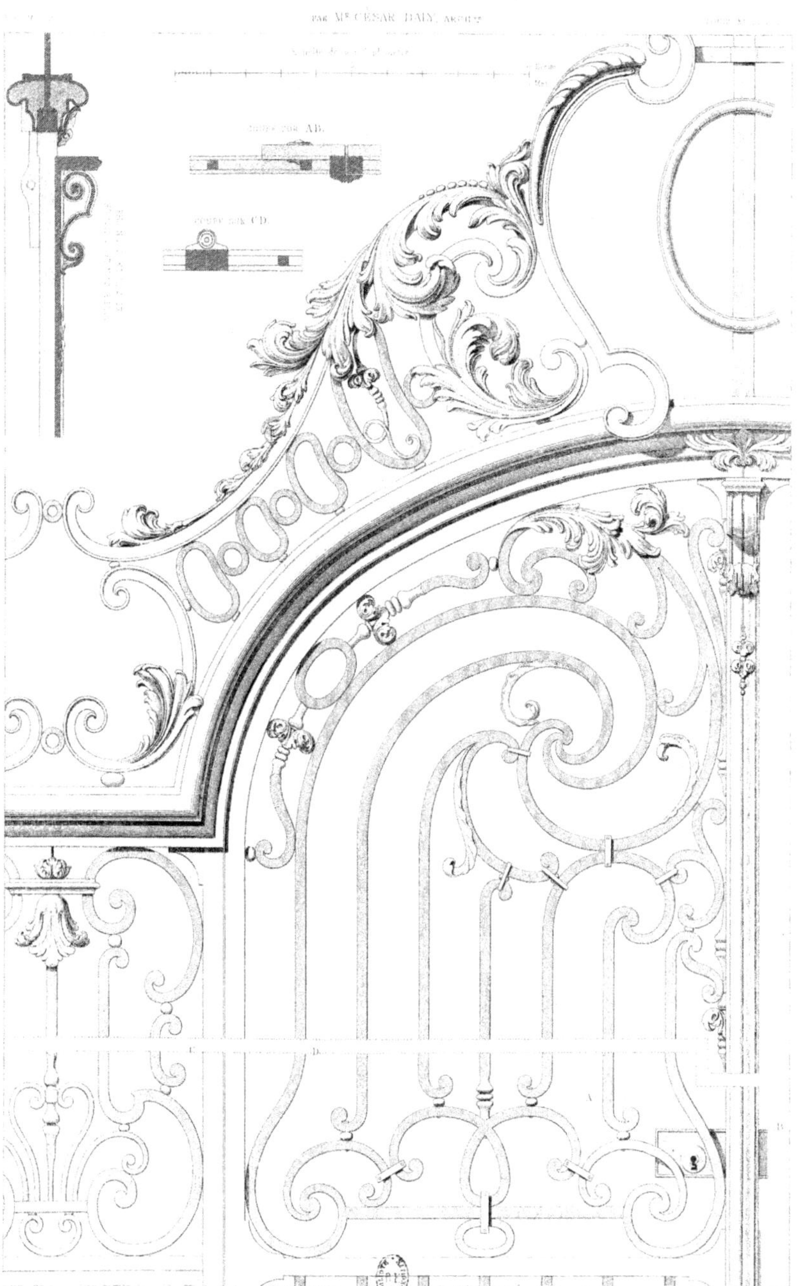

STYLE LOUIS XV.

MOTIFS HISTORIQUES
PAR M. CÉSAR DALY, ARCH.

COUPE SUR LA CLEF.

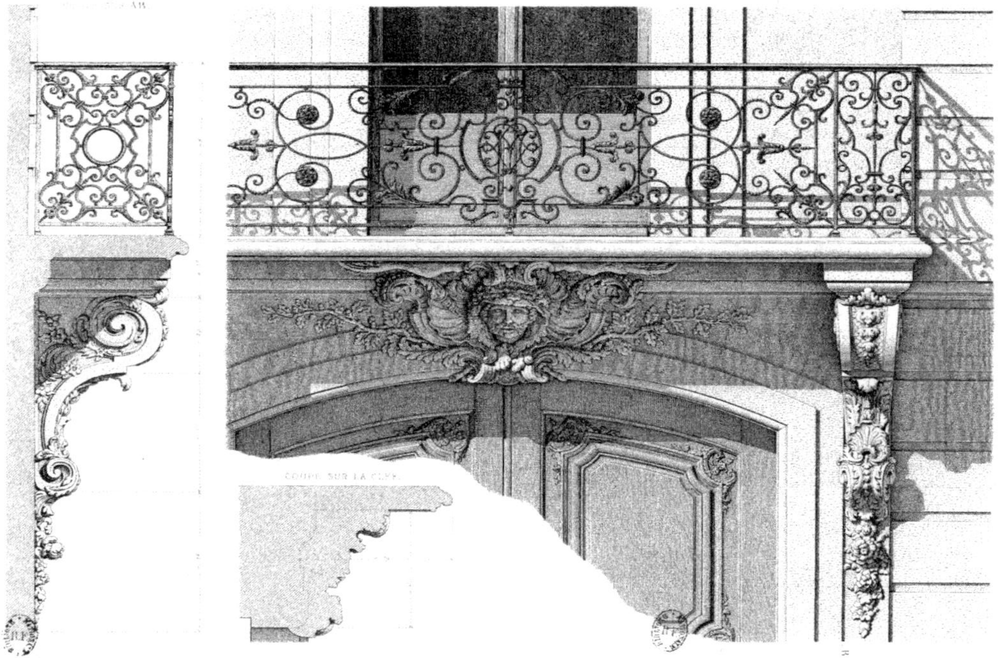

STYLE LOUIS XV.
BALCON RUE DE CHANTIER, A VERSAILLES.

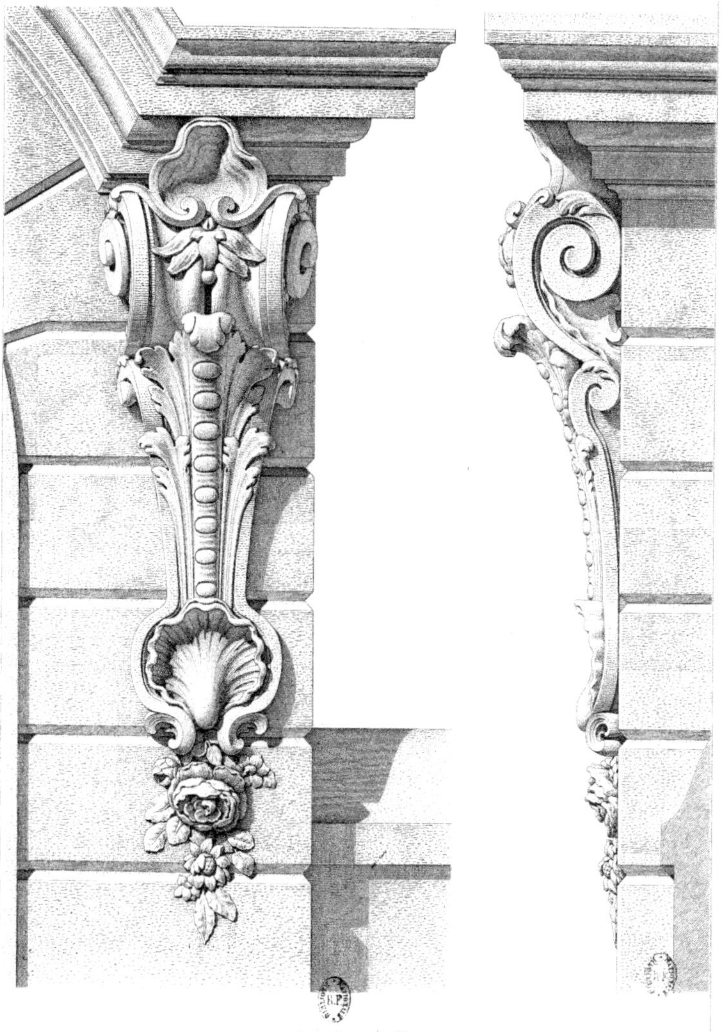

STYLE LOUIS XV

STYLE LOUIS XV.

ENSEIGNE — QUAI DU MARCHÉ NEUF, A PARIS.

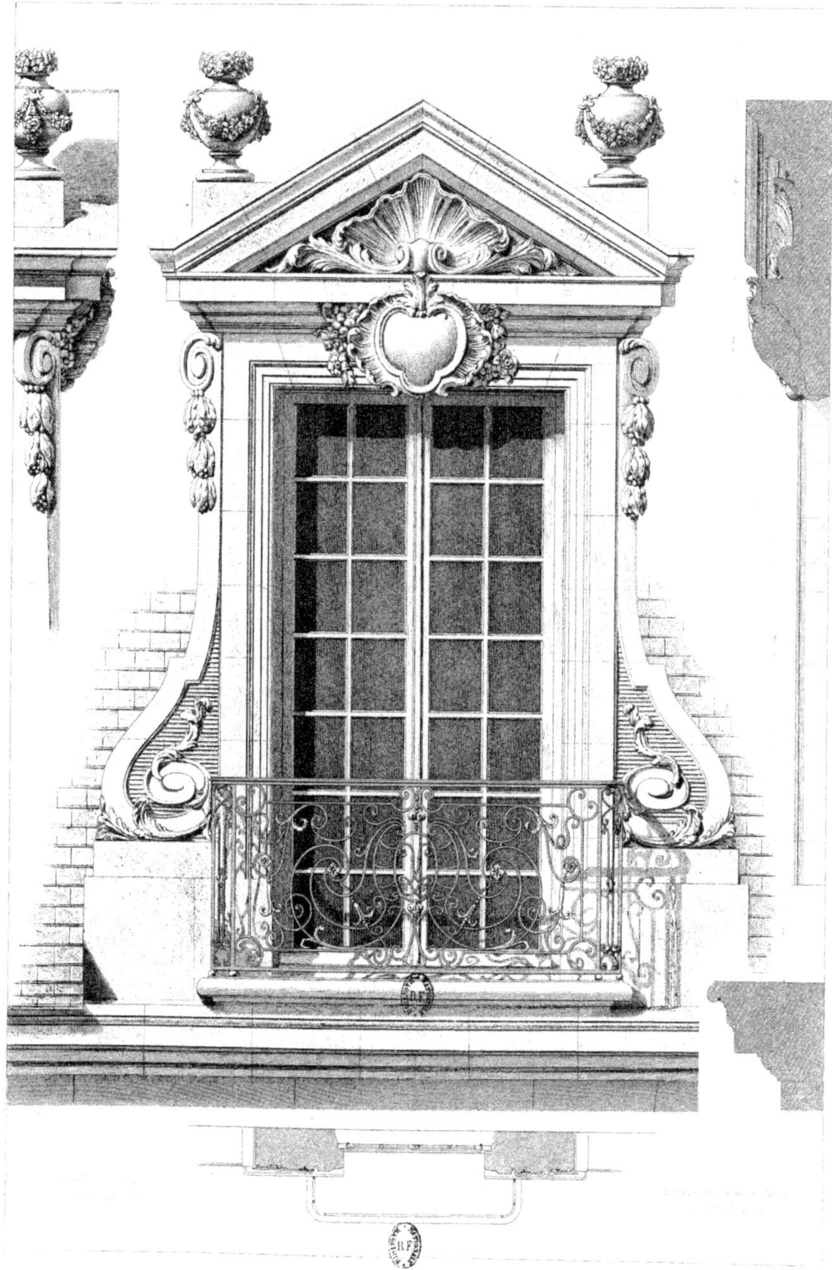

STYLE LOUIS XV.

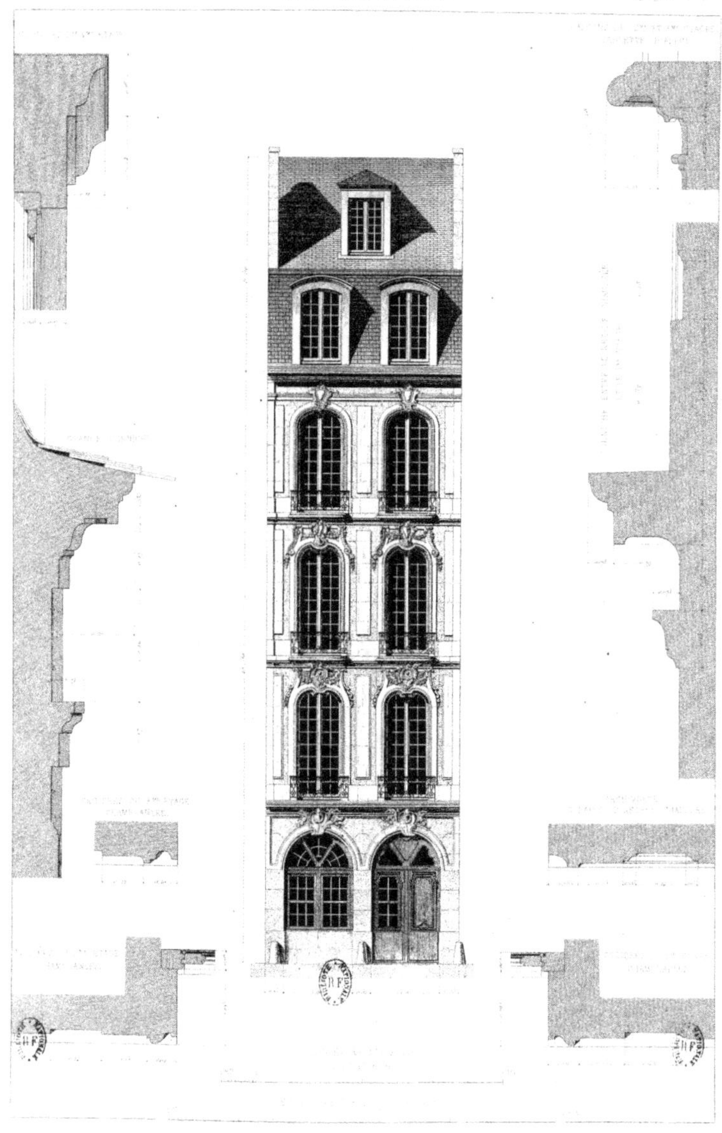

STYLE LOUIS XV.

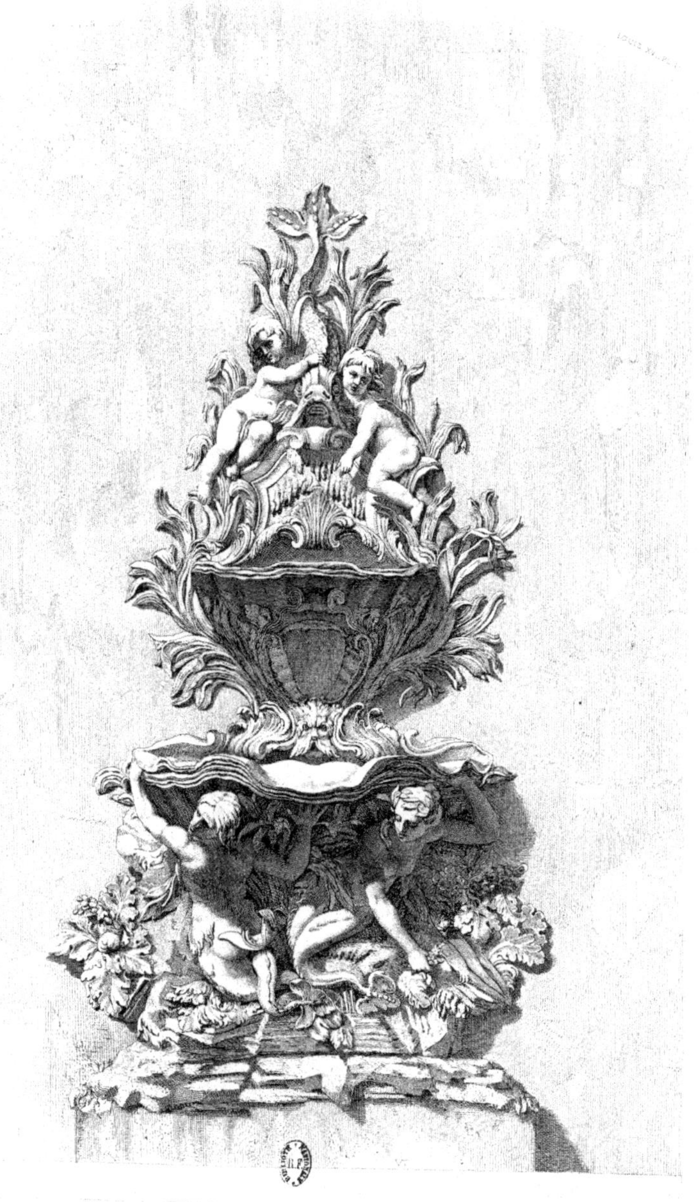

STYLE LOUIS XV

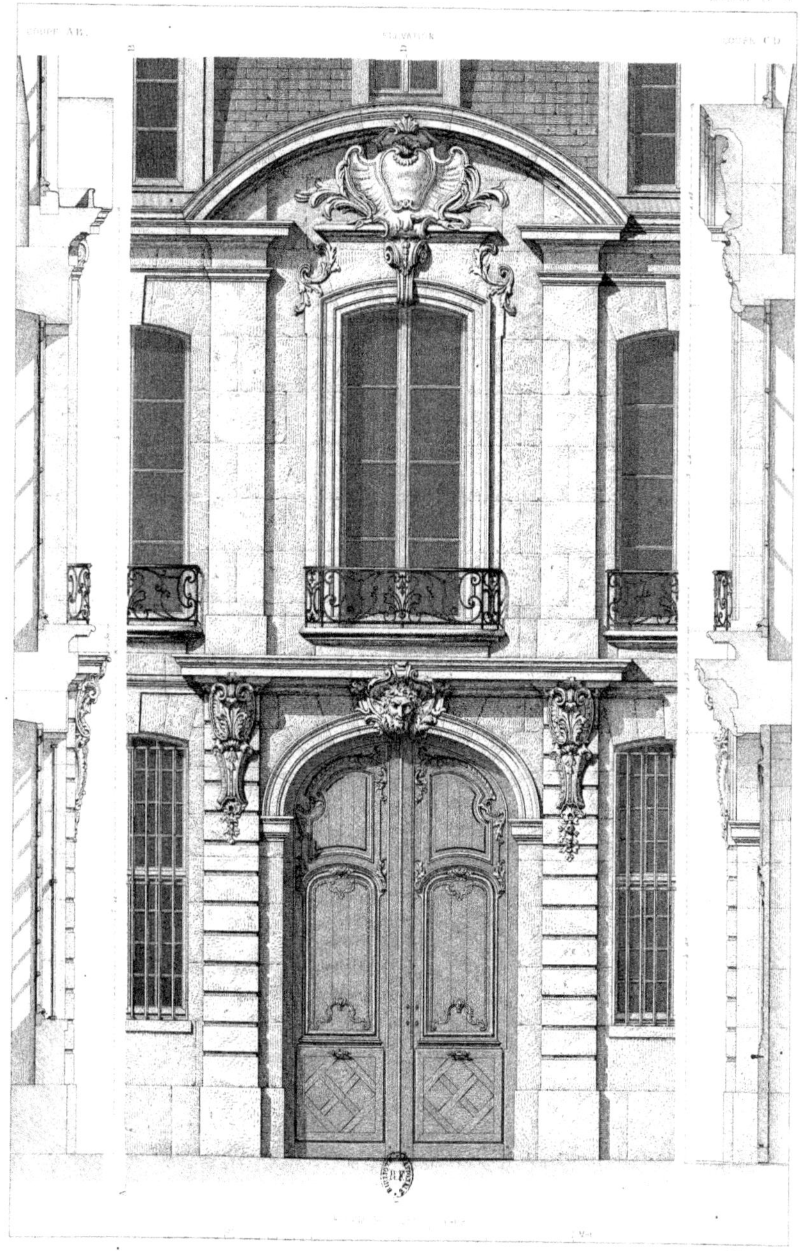

STYLE LOUIS XV

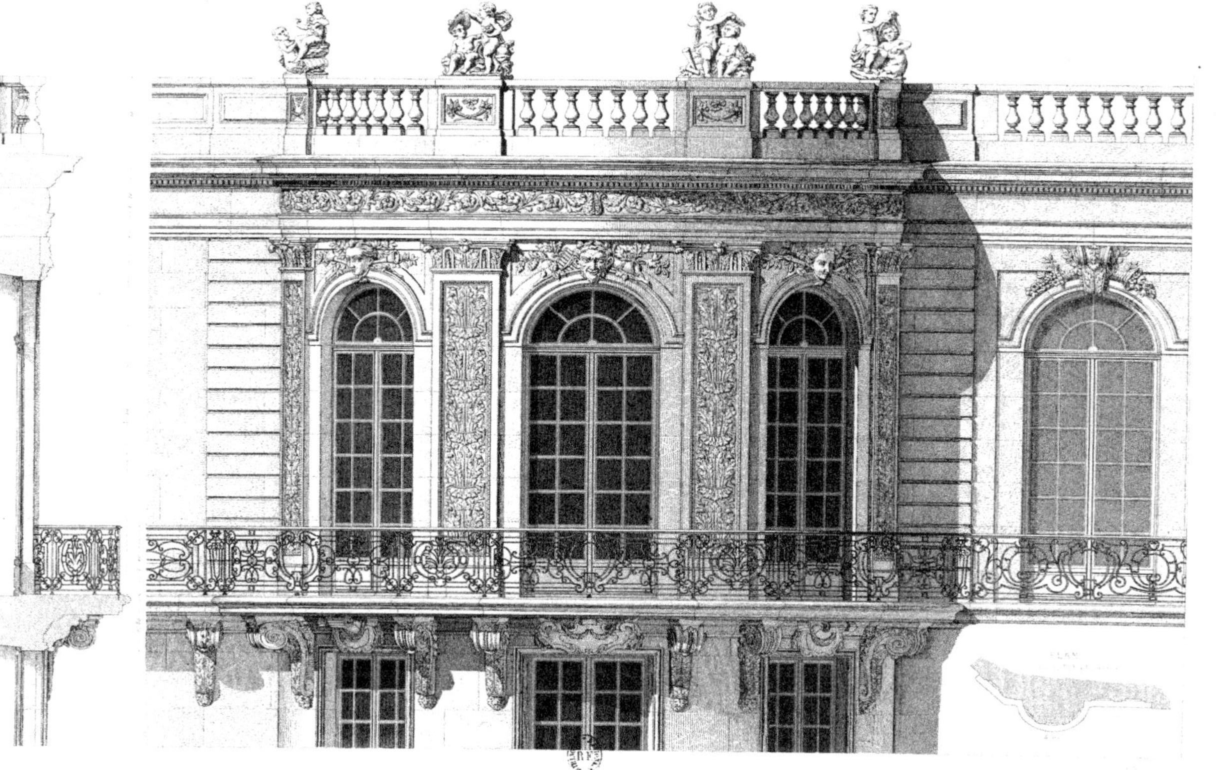
STYLE LOUIS XV

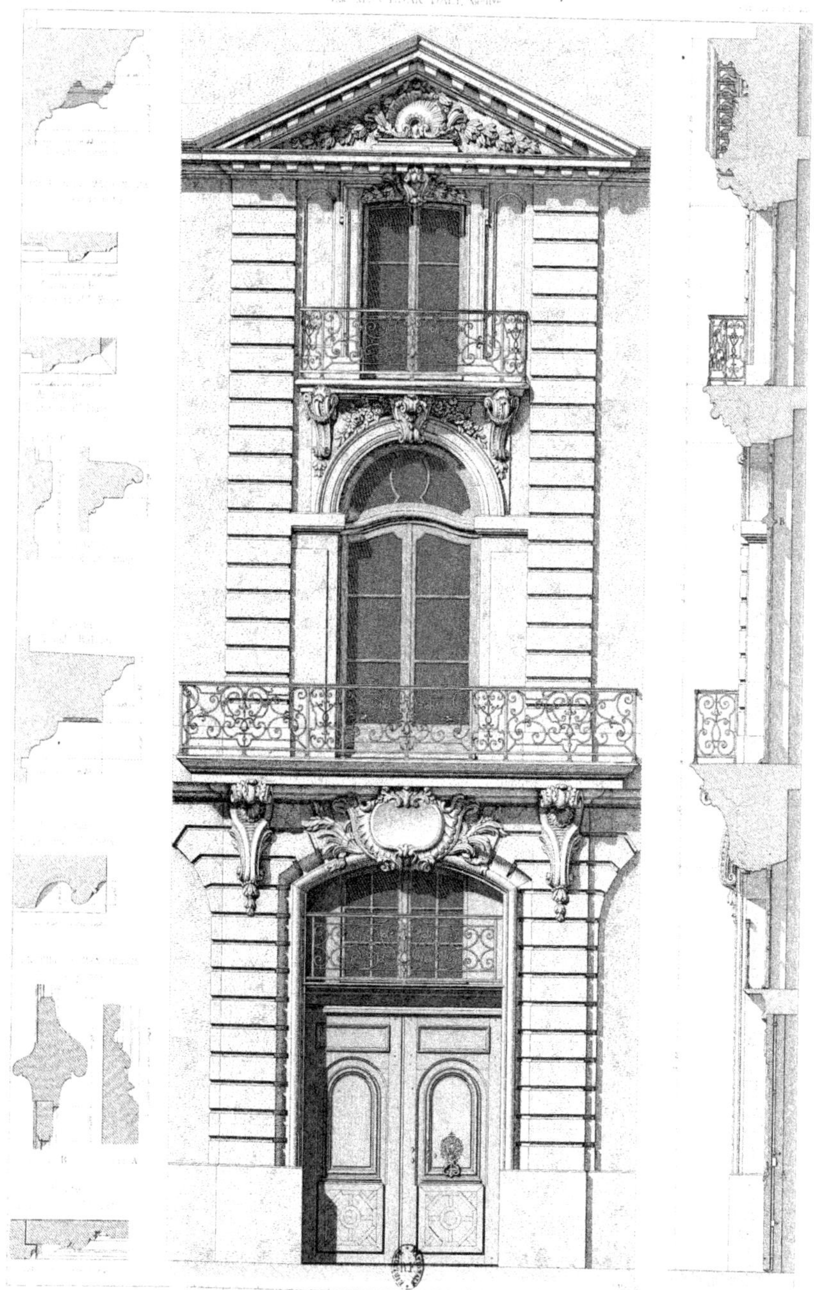

STYLE LOUIS XV.

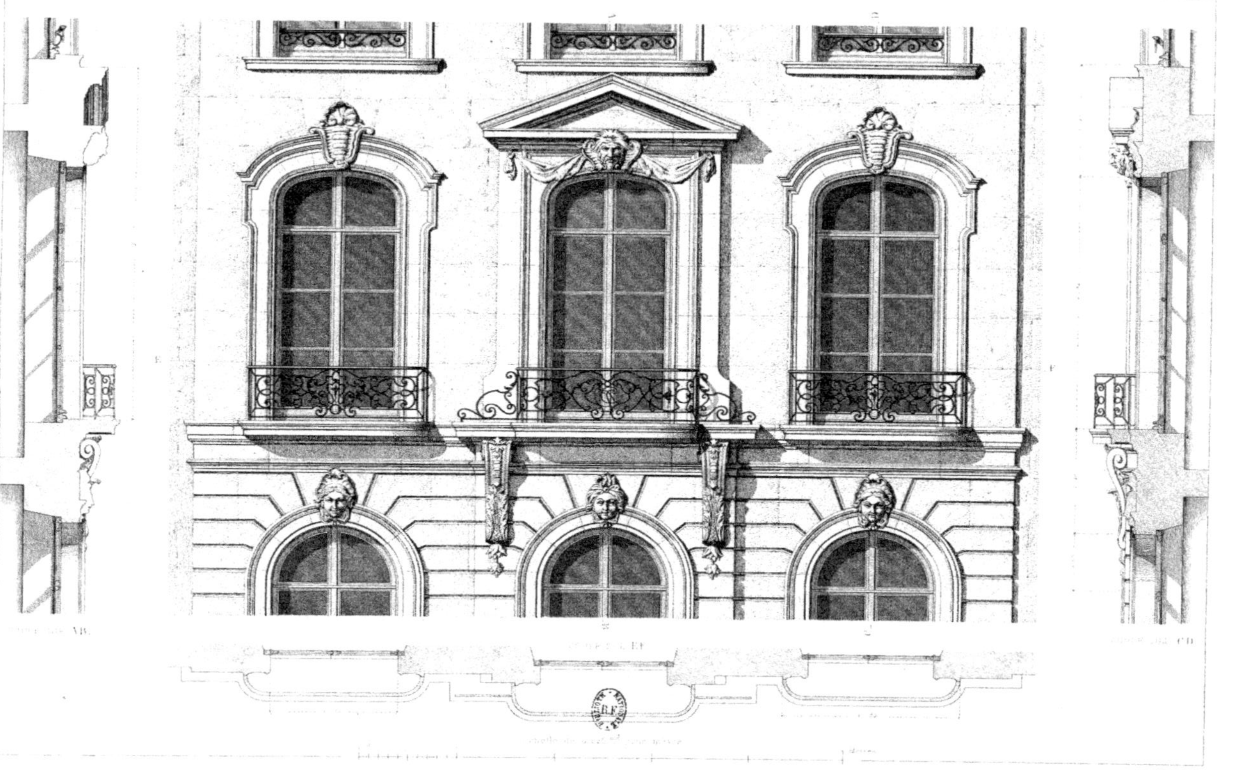

MOTIFS HISTORIQUES
PAR M. CÉSAR DALY, ARCH.
STYLE LOUIS XV

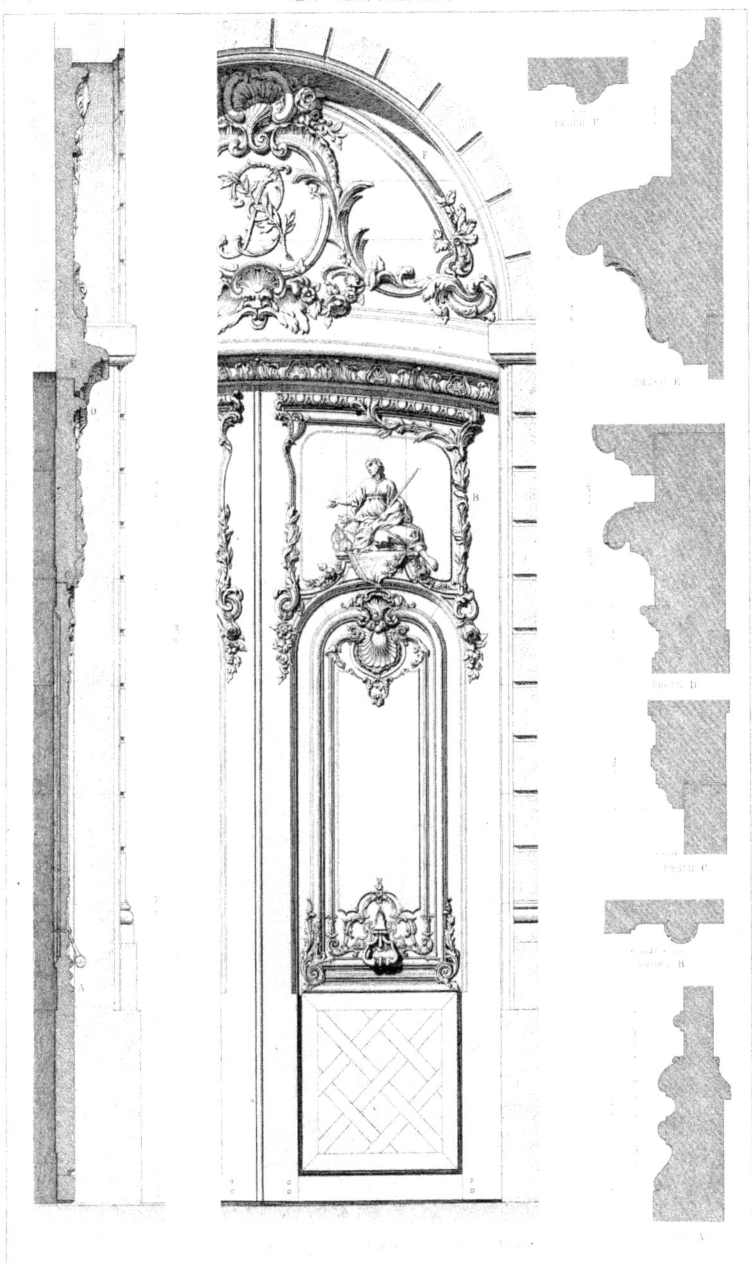

STYLE LOUIS XV

CLEF DE PORTE, RUE DE VARENNES

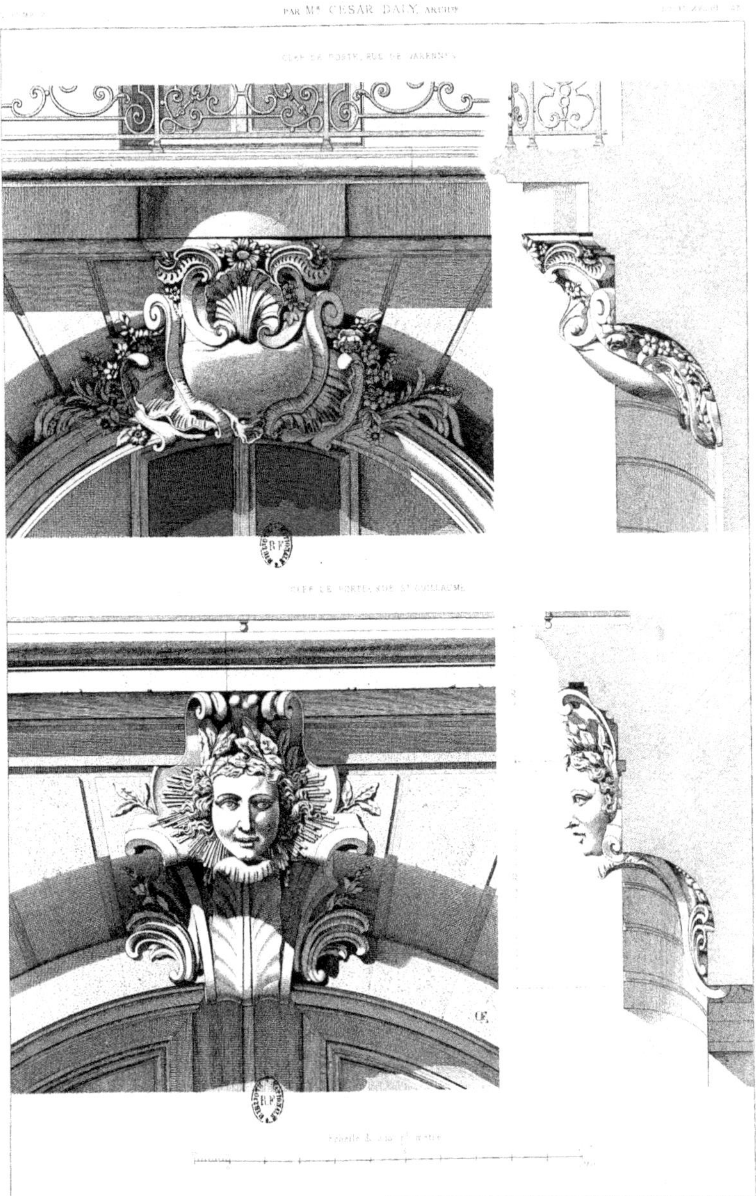

STYLE LOUIS XV

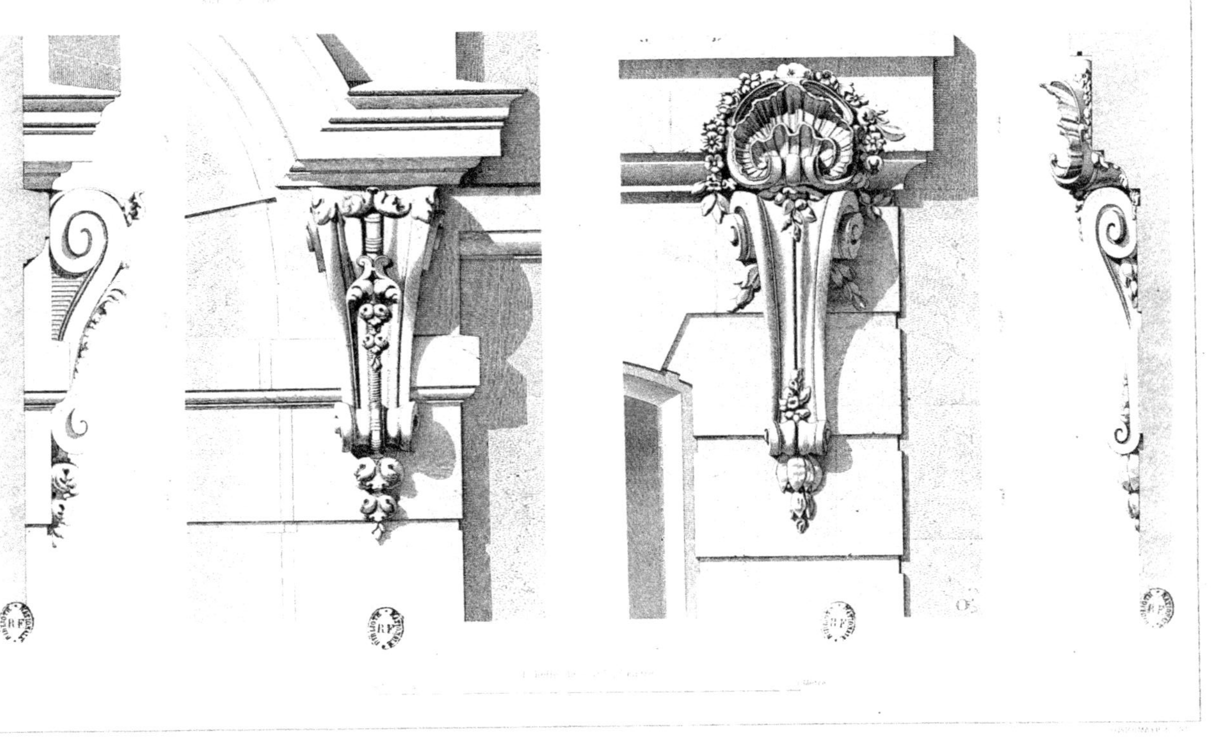

STYLE LOUIS XV.
CONSOLES, A PARIS.

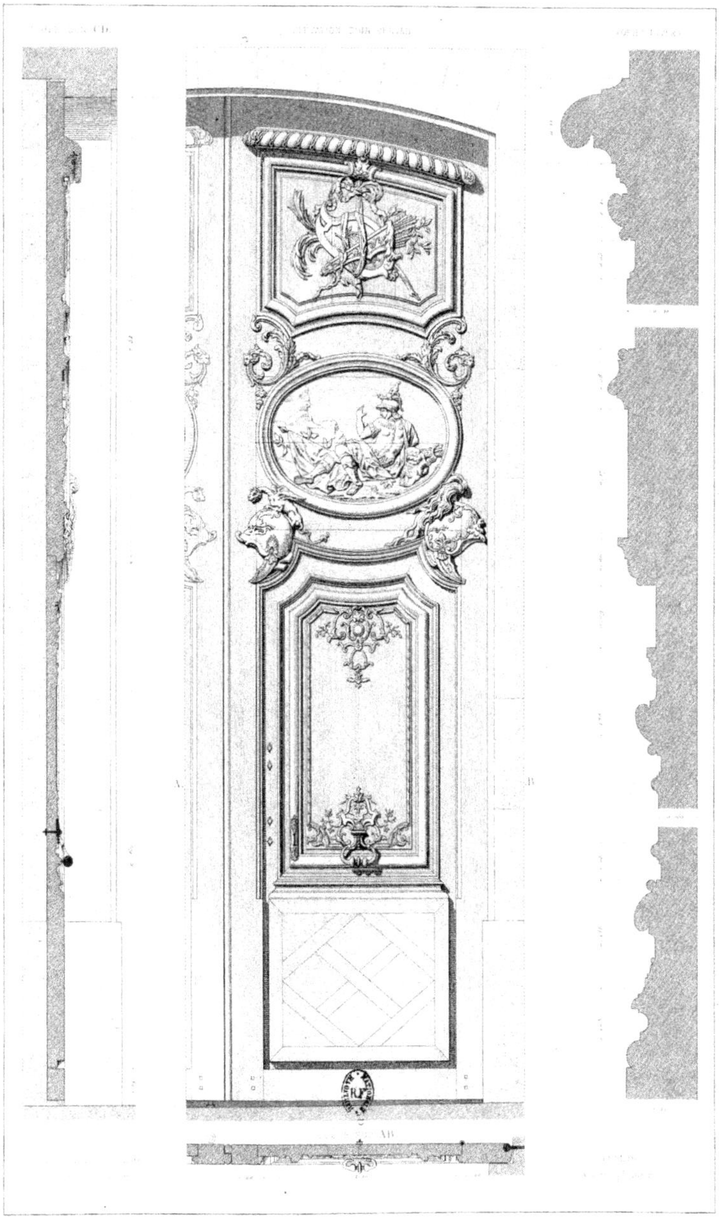

STYLE LOUIS XV

MOTIFS HISTORIQUES.

PAR Mr CÉSAR DALY, ARCHᵗᵉ

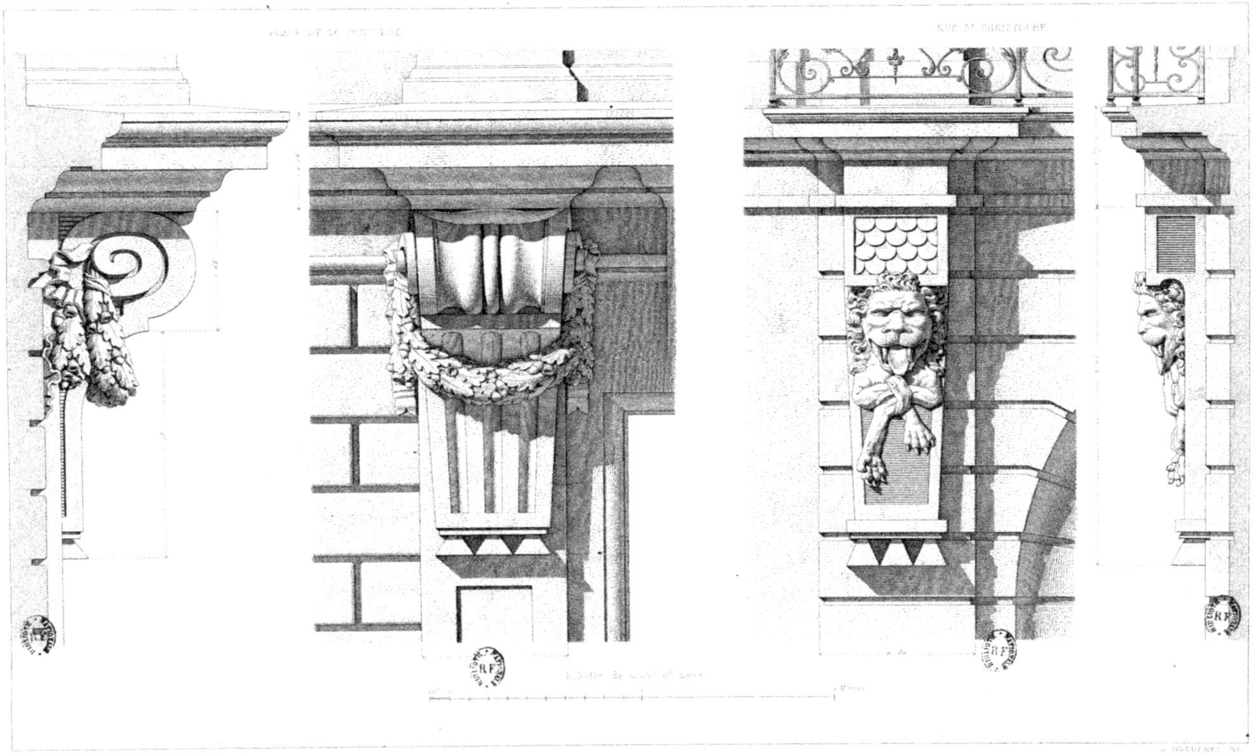

STYLE LOUIS XV (FIN).

GRANDES CONSOLES, A PARIS.

MOTIFS HISTORIQUES

par M. CÉSAR DALY, Archte

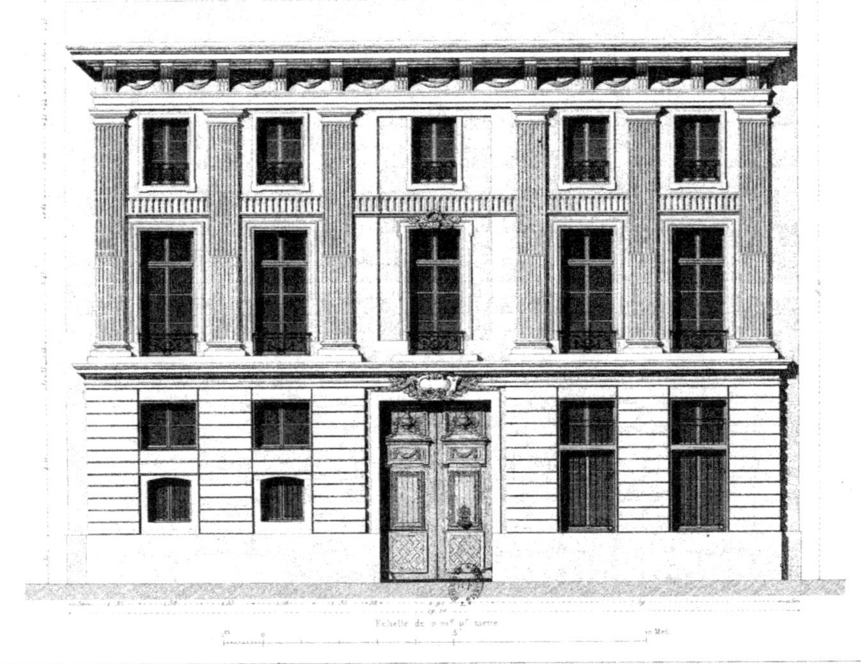

STYLE LOUIS XVI

HÔTEL RUE DES FRANCS-BOURGEOIS A PARIS — ÉLÉVATION

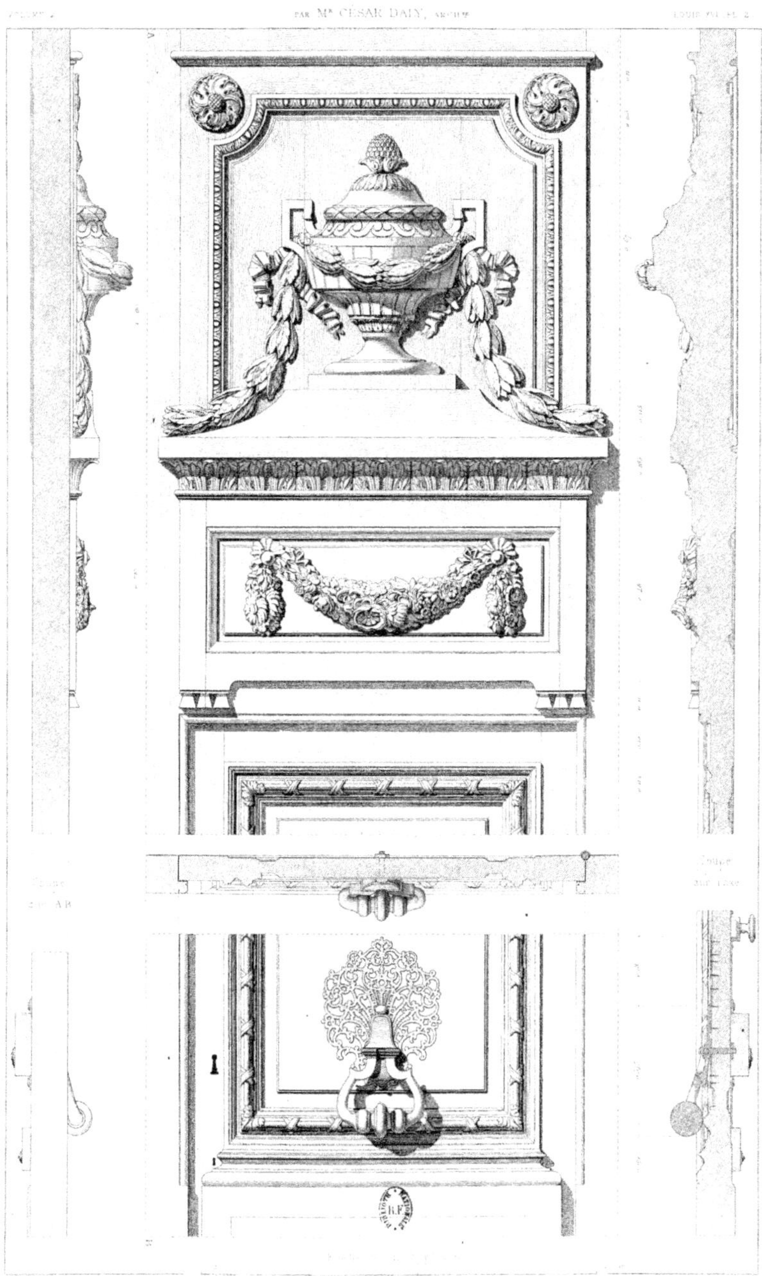

STYLE LOUIS XVI.

MOTIFS HISTORIQUES
PAR Mr CESAR DALY, ARCH.te
COUPE CD
COUPE AB
CROISÉE DU 1er ÉTAGE.
PORTE COCHÈRE
STYLE LOUIS XVI
DÉTAILS

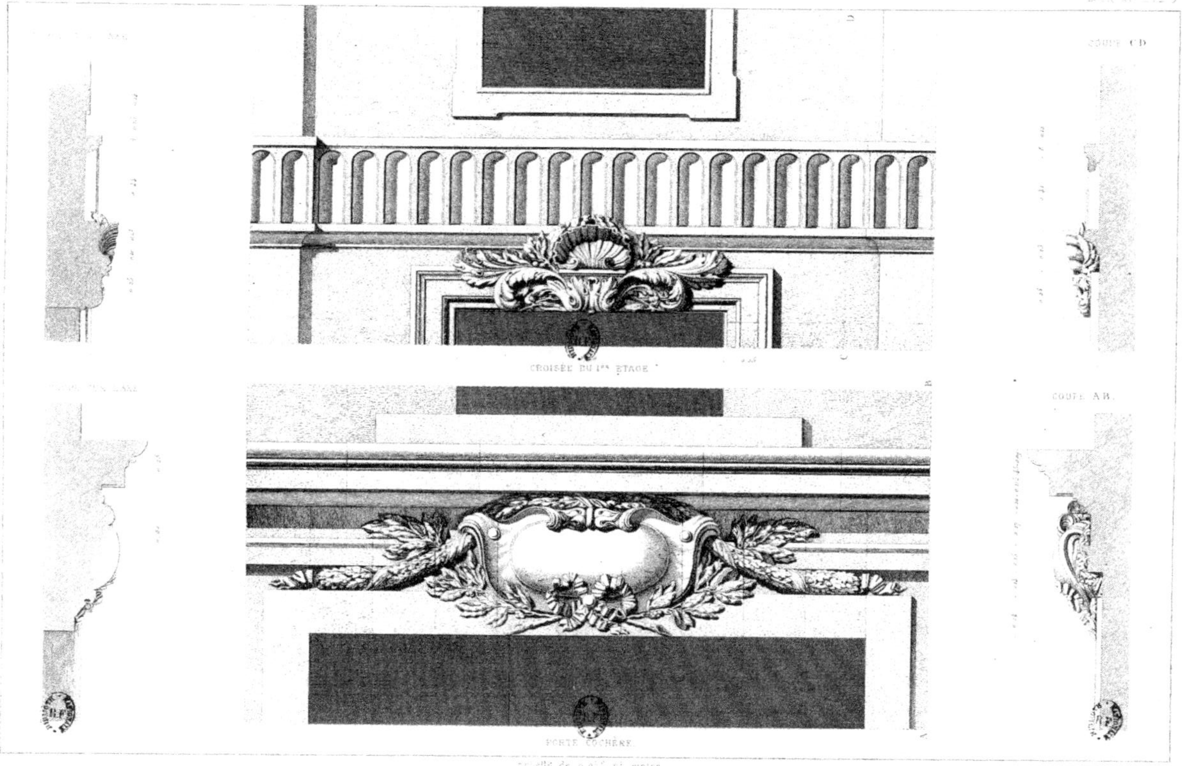

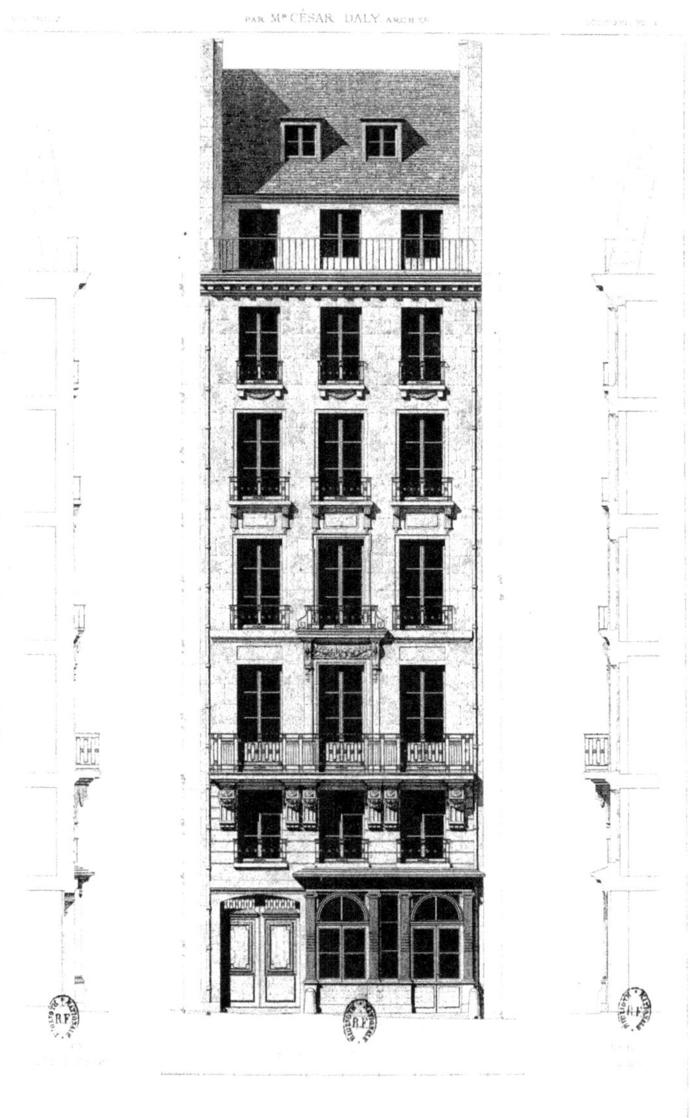

STYLE LOUIS XVI

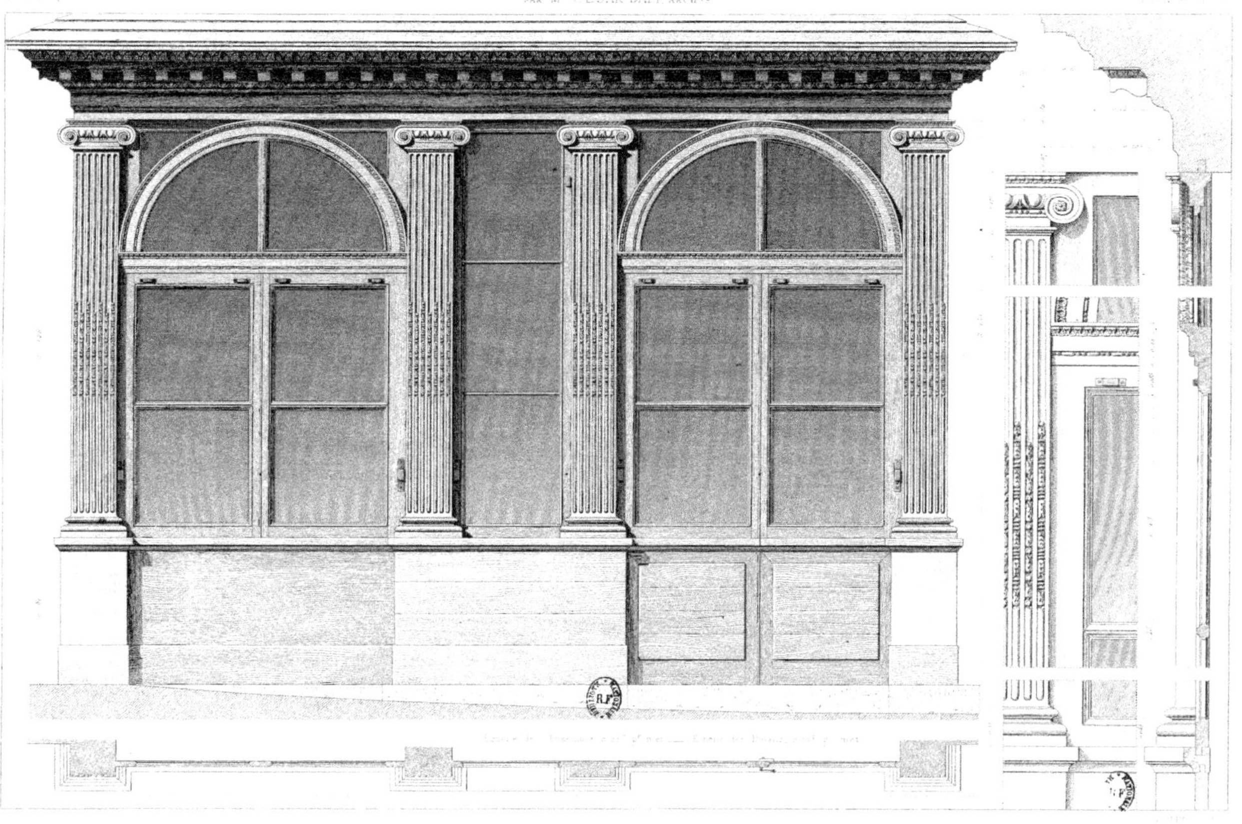

MOTIFS HISTORIQUES.
PAR M. CÉSAR DALY, ARCH.te
STYLE LOUIS XVI

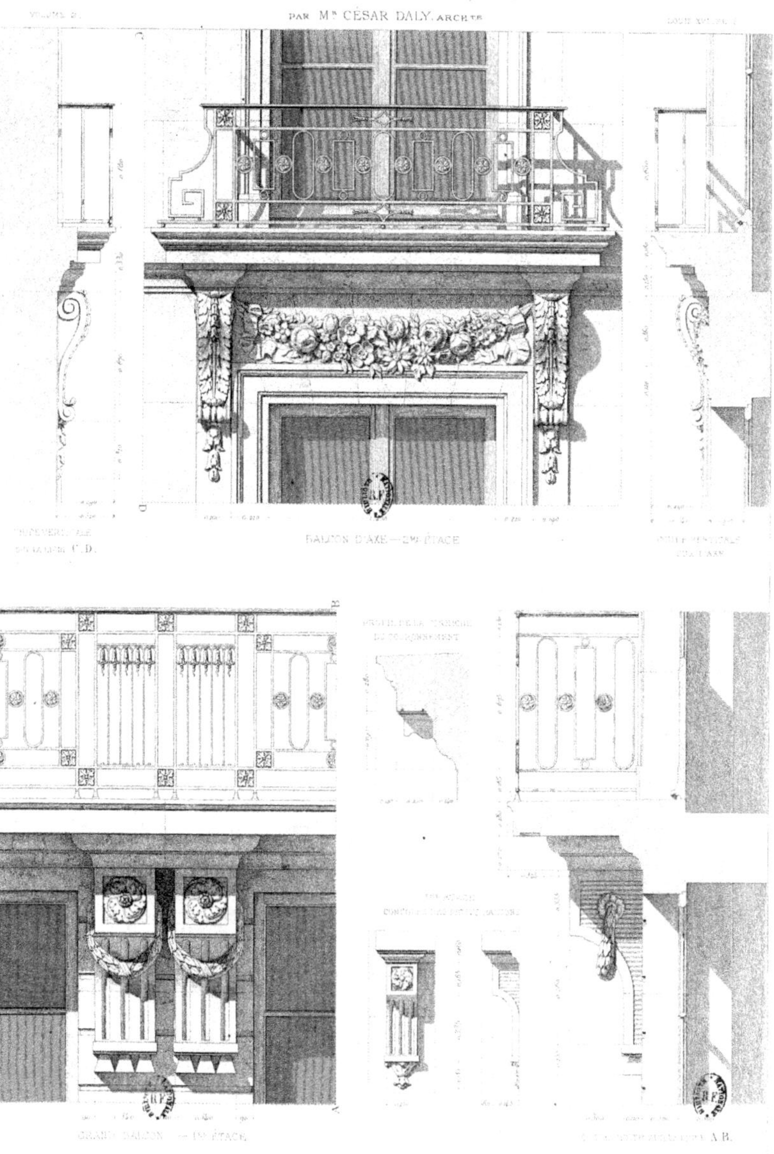

STYLE LOUIS XVI

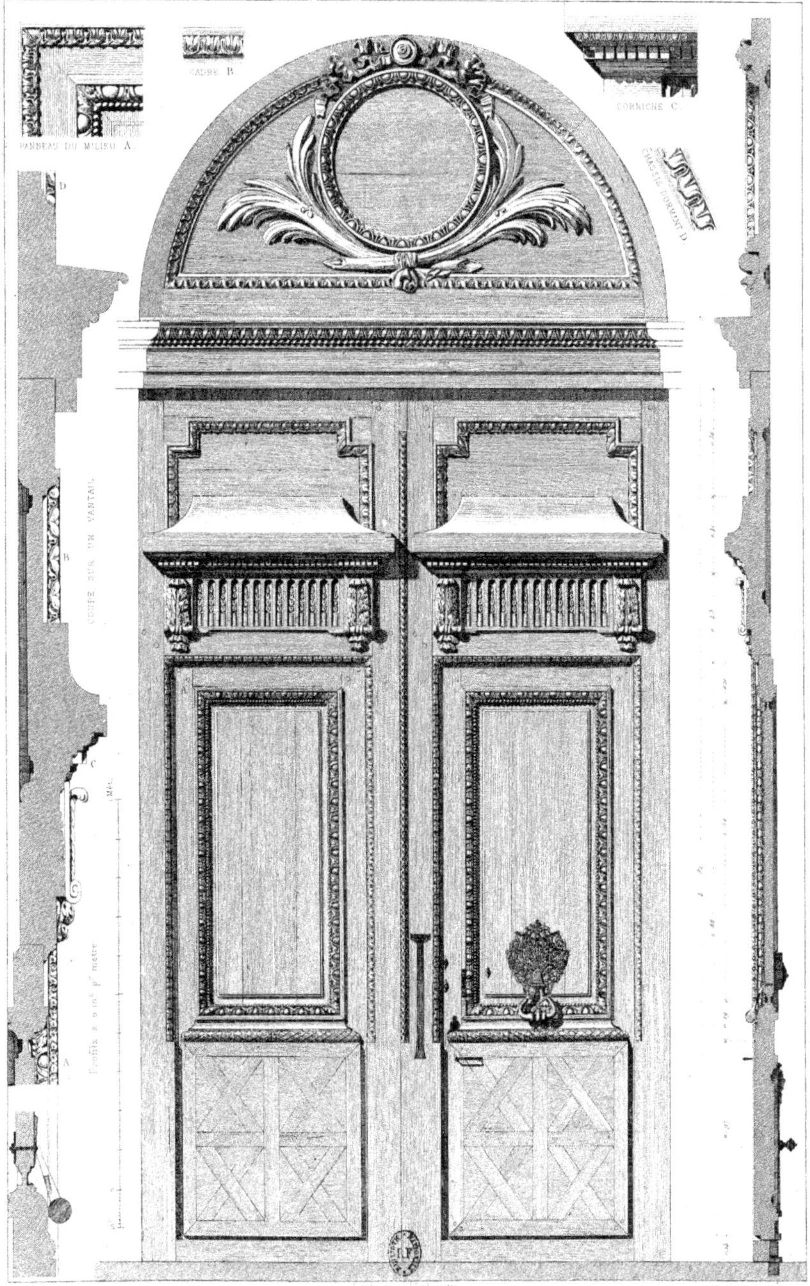
PANNEAU DU MILIEU A.
CADRE B.
CORNICHE C.
CHASSIS DORMANT D.
COUPE SUR UN VANTAIL
Échelle

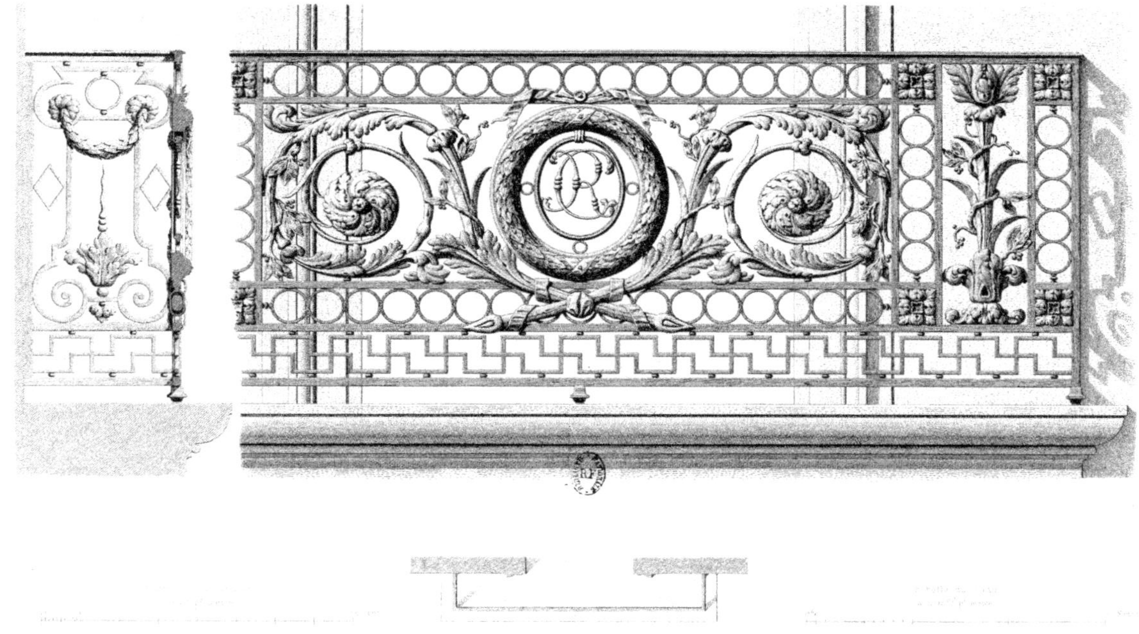

STYLE LOUIS XVI

CORNICHE D'UNE MAISON, RUE CHARLOT N° 64.

CORNICHE D'UNE MAISON, RUE CHARLOT N° 63.

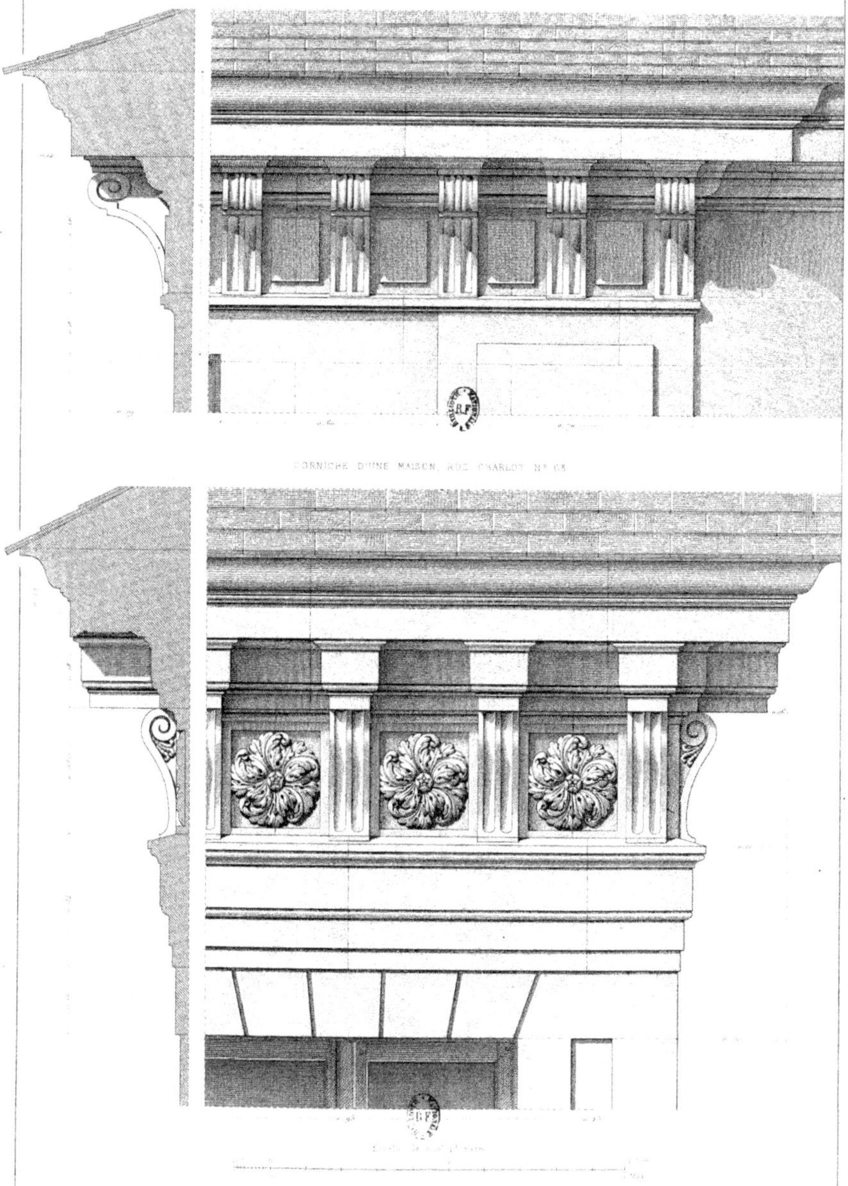

STYLE LOUIS XVI.

CORNICHES ET ENTABLEMENTS À PARIS.

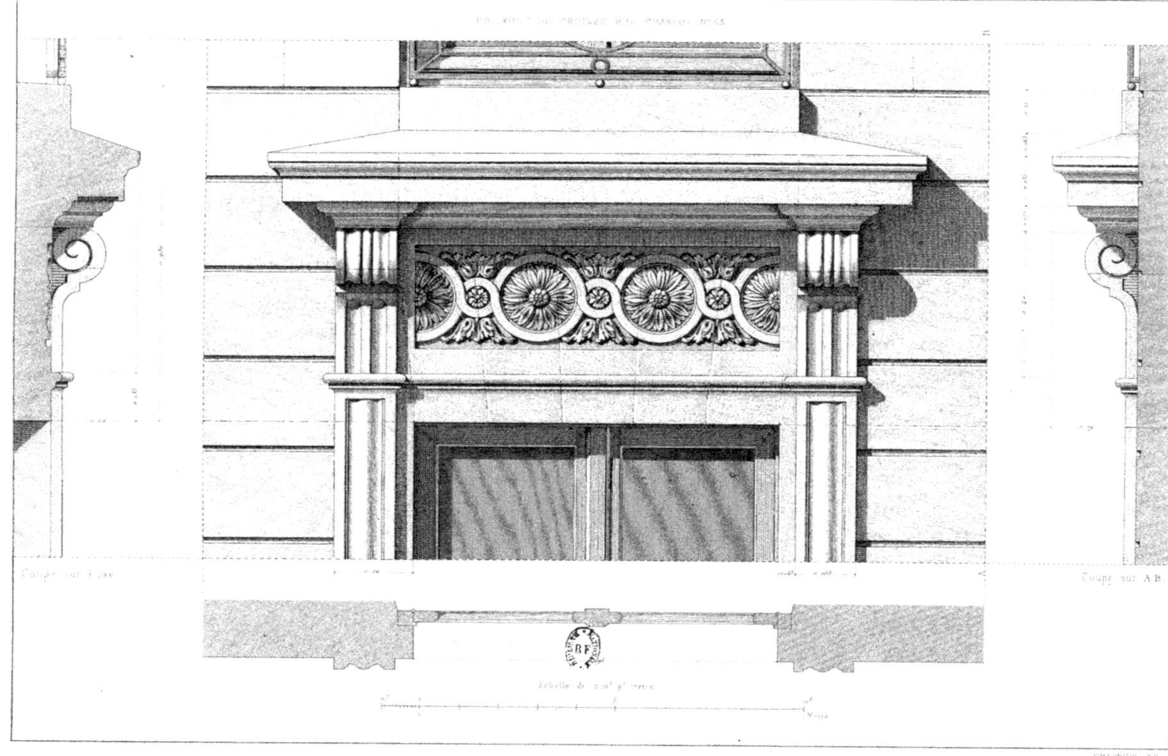

STYLE LOUIS XVI

COURONNEMENT DE CROISÉE A PARIS.

MOTIFS HISTORIQUES.

par M. CÉSAR DALY, Arch.te

PASSAGE DE LA VERRERIE.

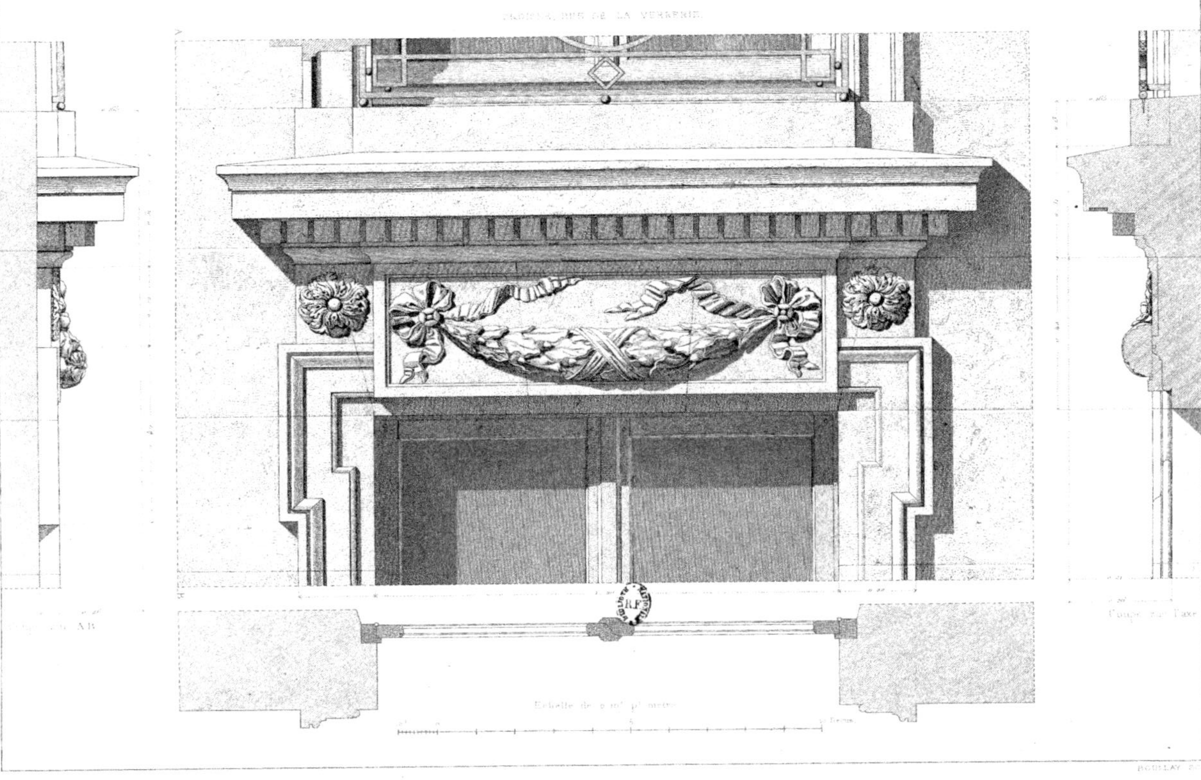

STYLE LOUIS XVI.

COURONNEMENT DE CROISÉE, A PARIS

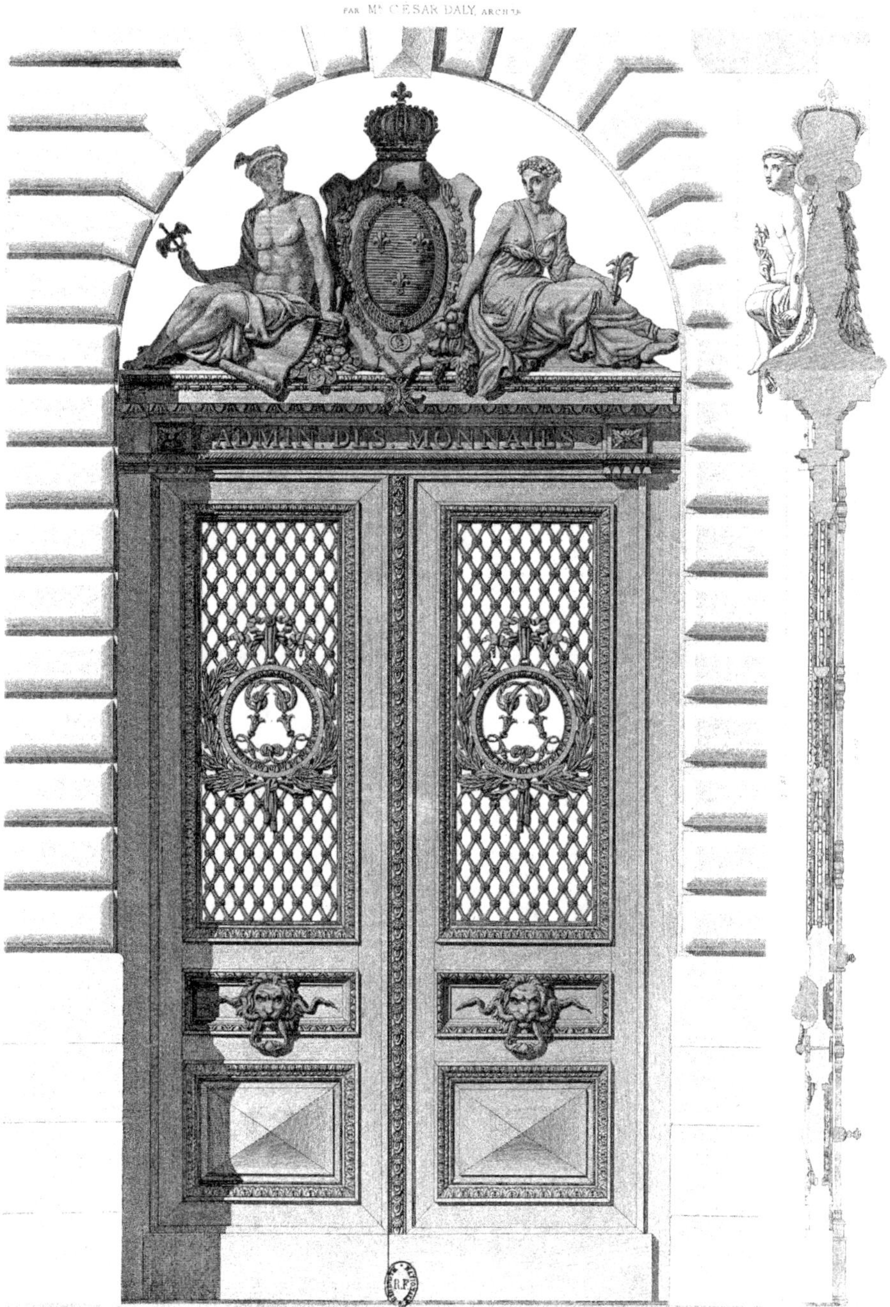

STYLE LOUIS XVI

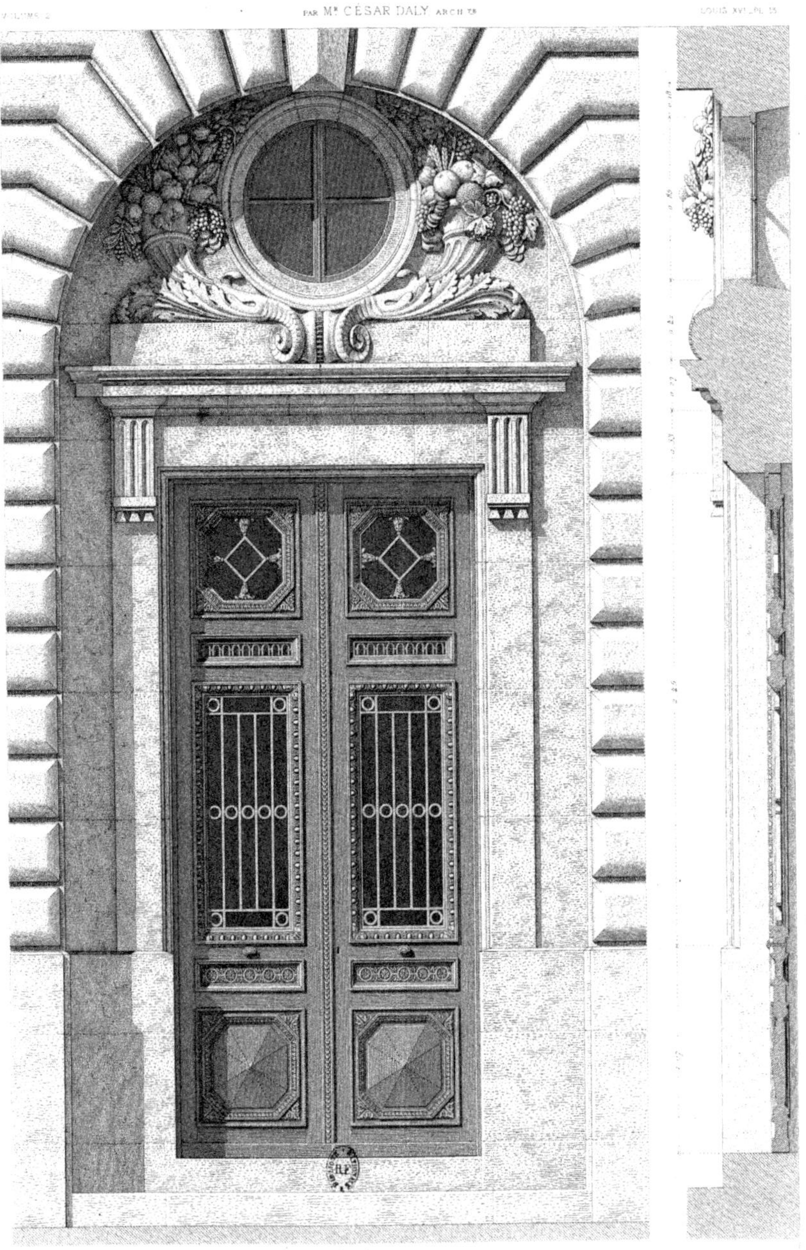

STYLE LOUIS XVI.

HÔTEL DES MONNAIES — PORTE LATÉRALE.

ELEVATION

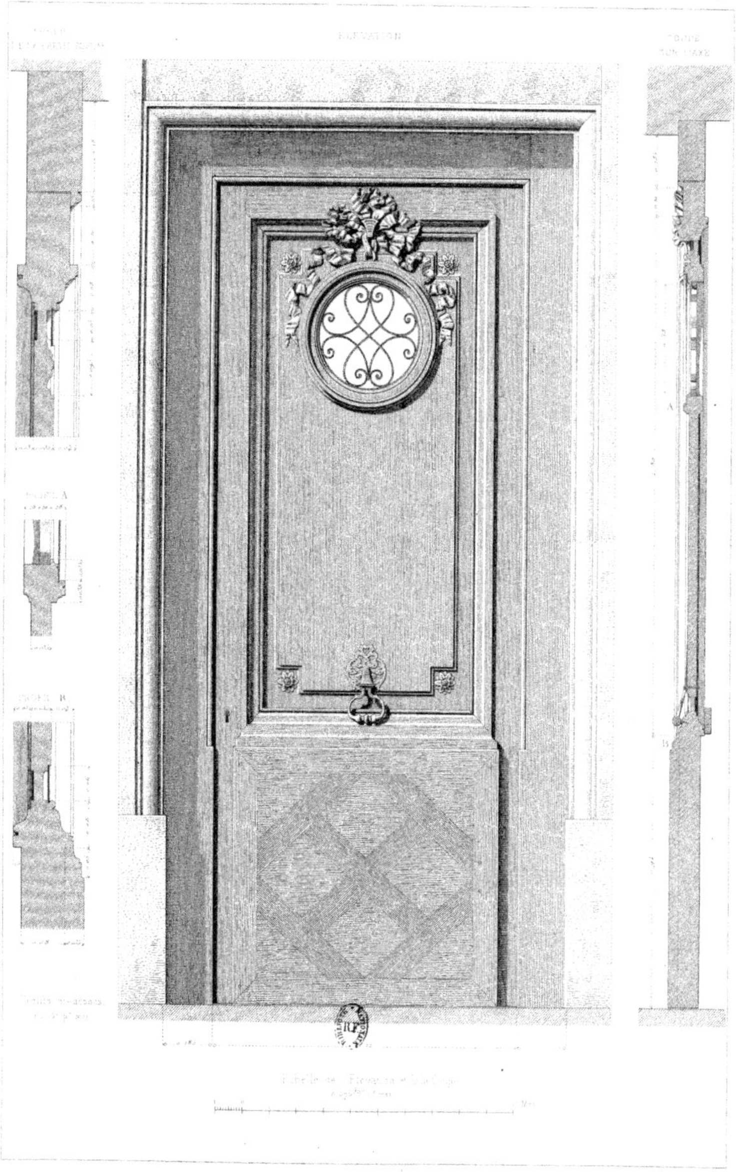

STYLE LOUIS XVI

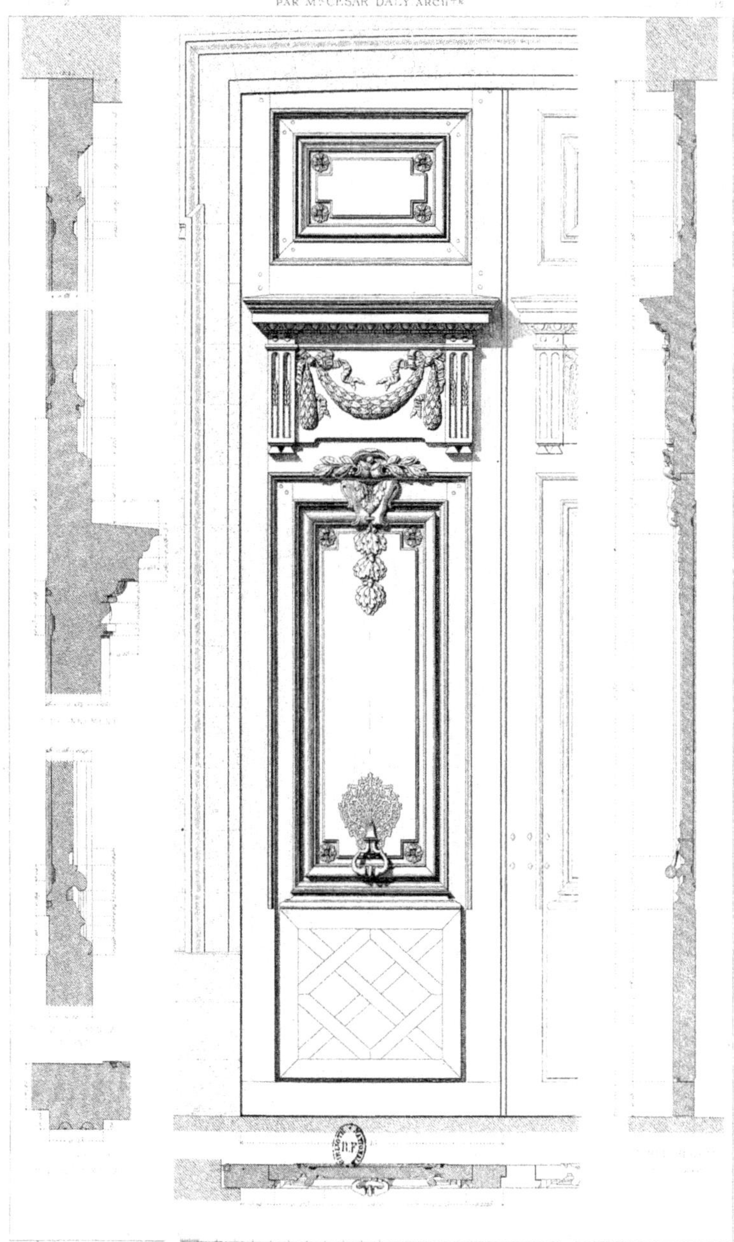

STYLE LOUIS XVI

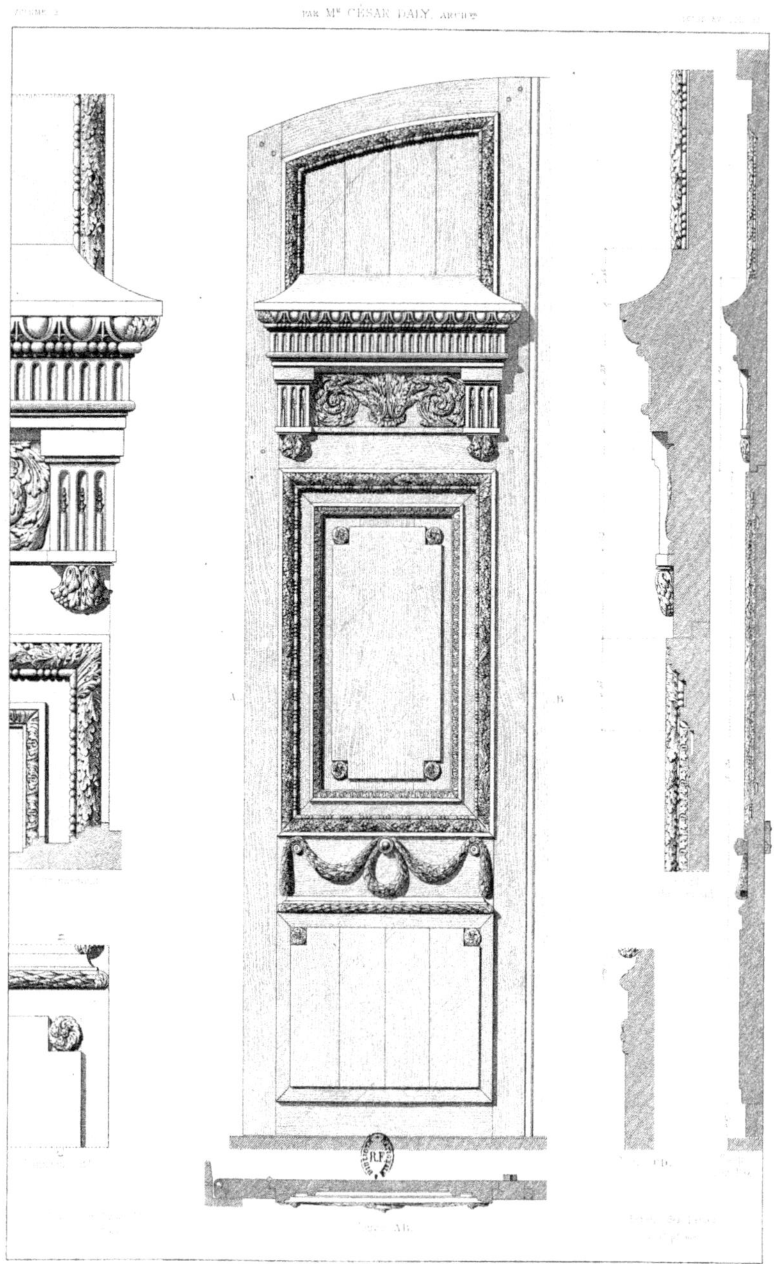

STYLE LOUIS XVI.

STYLE LOUIS XVI

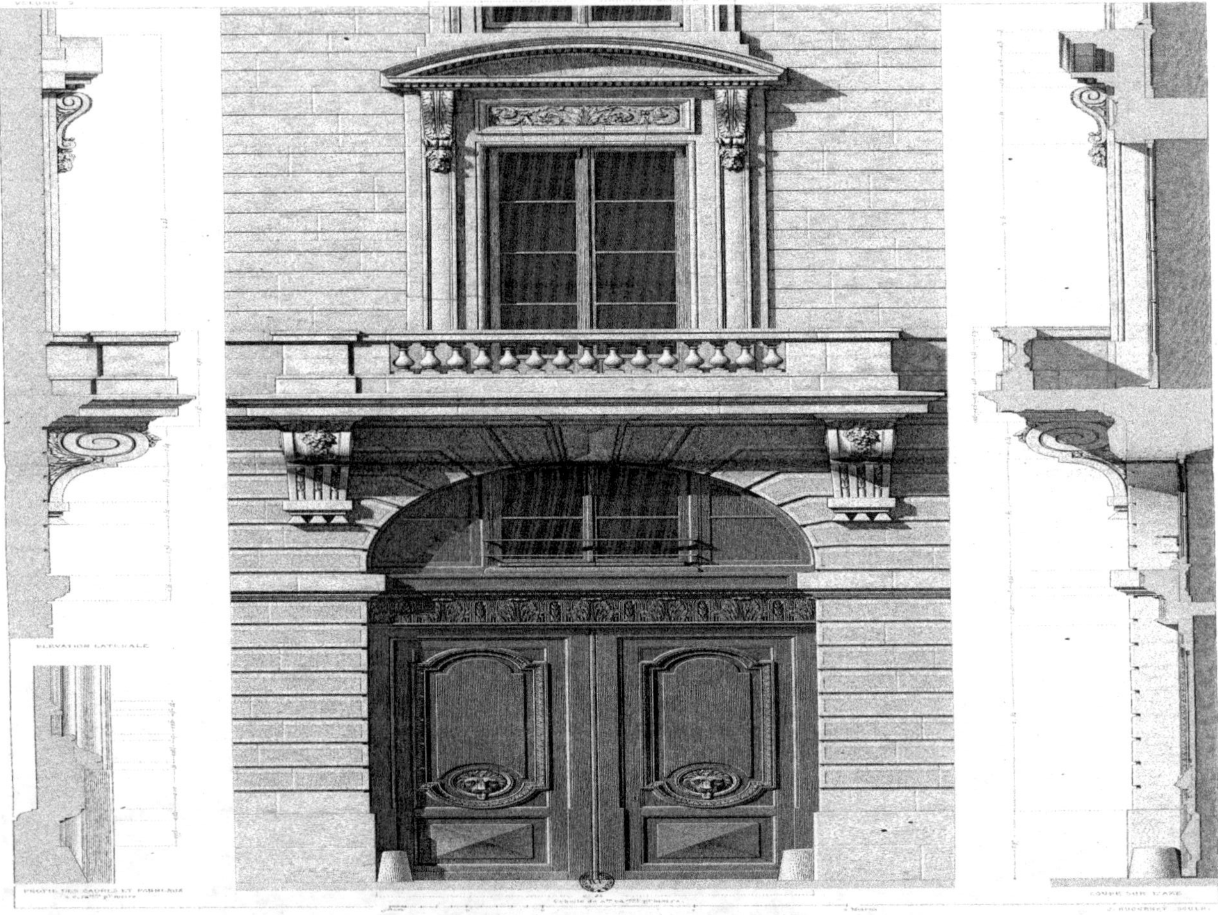

MOTIFS HISTORIQUES
par Mr CÉSAR DALY, arch.te
ELEVATION LATÉRALE
COUPE SUR L'AXE
STYLE LOUIS XVI.
HOTEL D'ENTRAGUES — RUE DE TOURNON — PORTE ET CROISÉE DU 1er ÉTAGE

MOTIFS HISTORIQUES.
PAR M. CÉSAR DALY, ARCH.

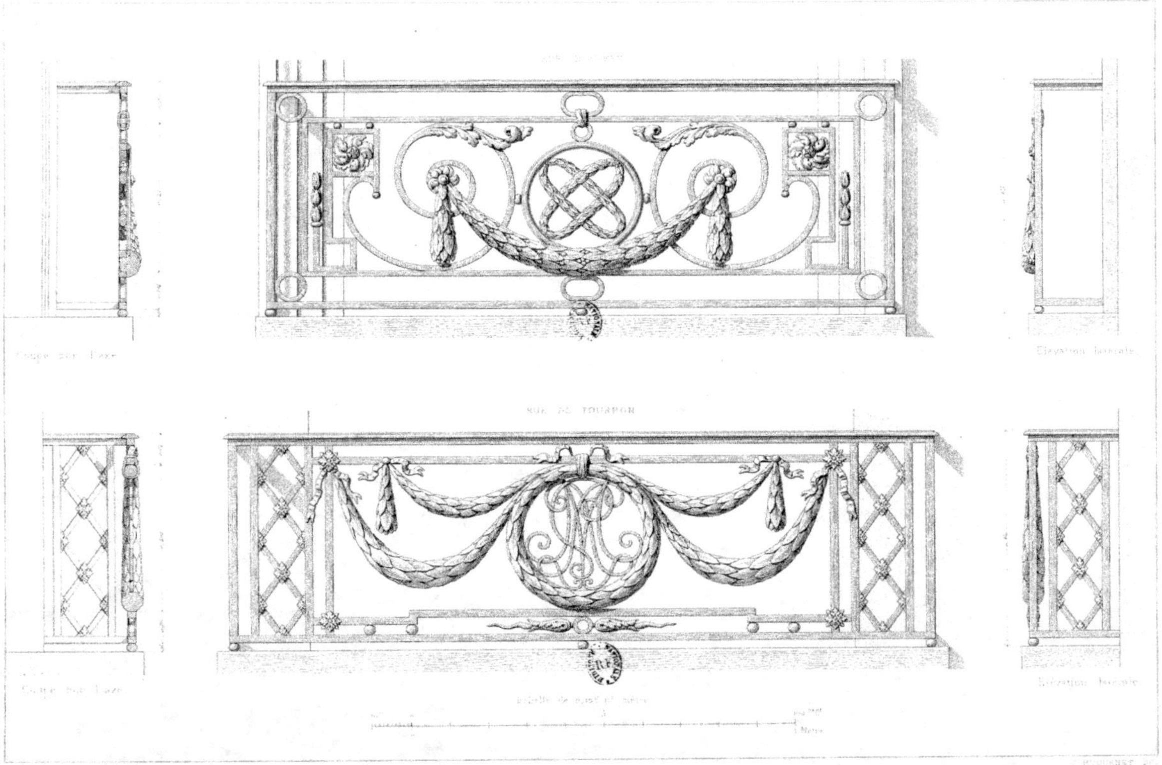

STYLE LOUIS XVI.
PETITS BALCONS DE CROIZÉ, A PARIS

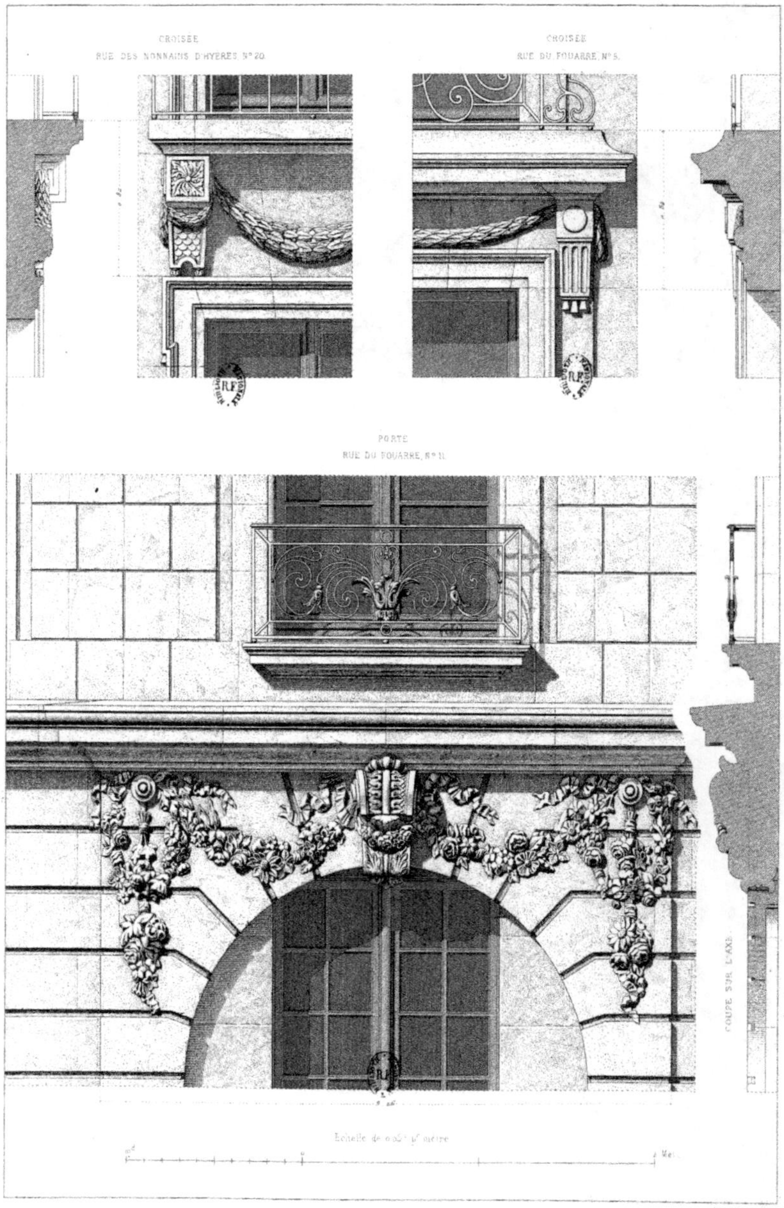

CHAPPUIS SC.

STYLE LOUIS XVI

COURONNEMENT DE PORTE ET DE CROISÉES, A PARIS

Imp. Laurent, r. St Jacques, 21, Paris.

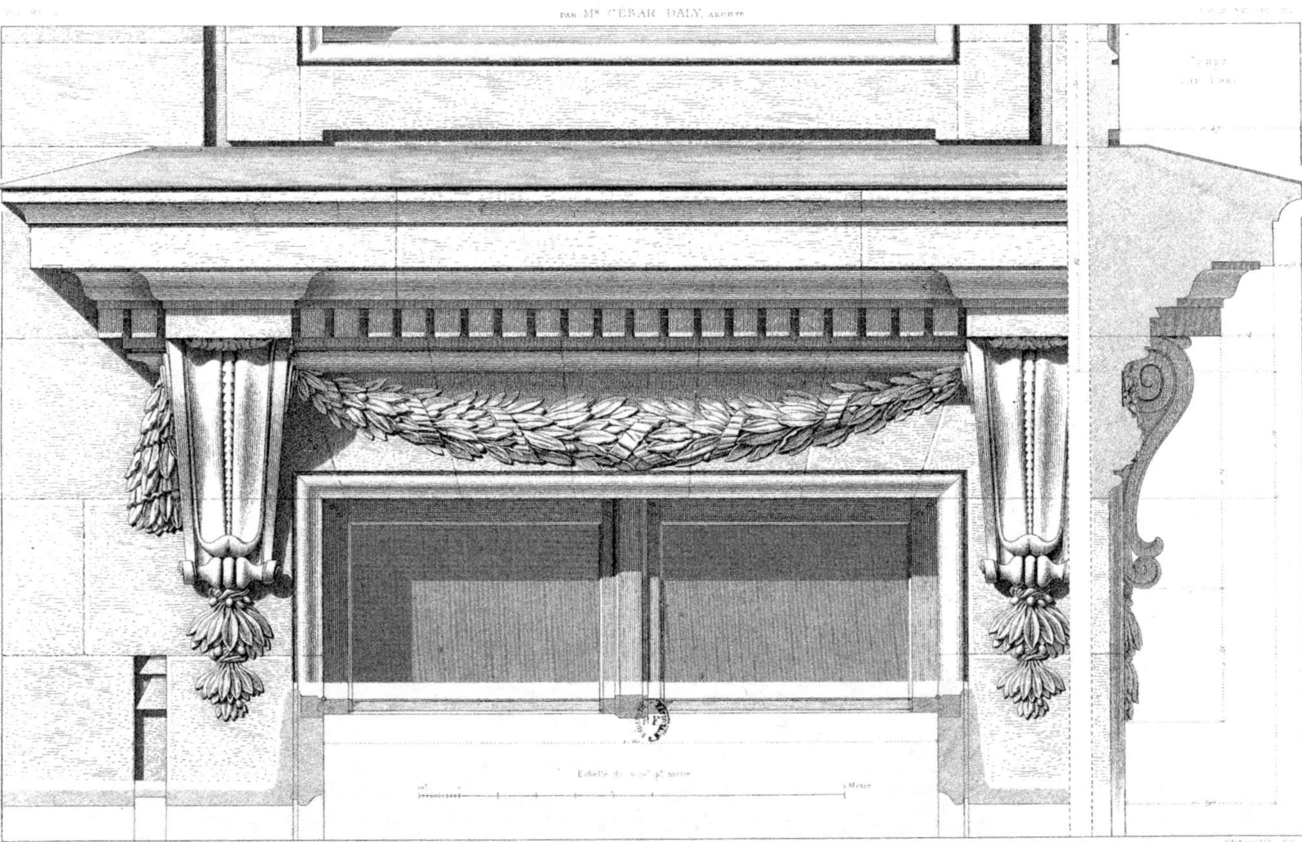

MOTIFS HISTORIQUES.
PAR M. CÉSAR DALY, ARCHTE
STYLE LOUIS XVI.
HÔTEL, RUE DU TEMPLE No 149, À PARIS — COURONT D'UNE CROISÉE.

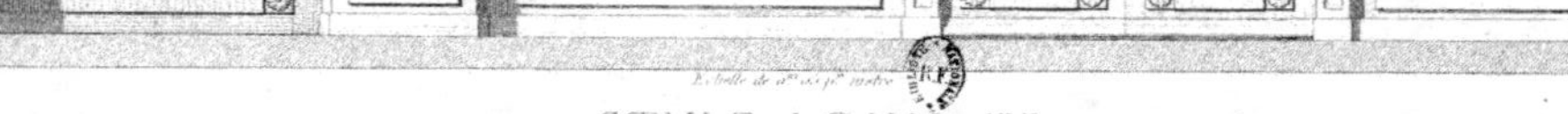

MOTIFS HISTORIQUES.

par Mr CÉSAR DALY, Arch.te

STYLE LOUIS XVI.

DEVANTURE DE BOUTIQUE. — QUAI BOURBON N° 3. — ÉLÉVATION ET COUPE.

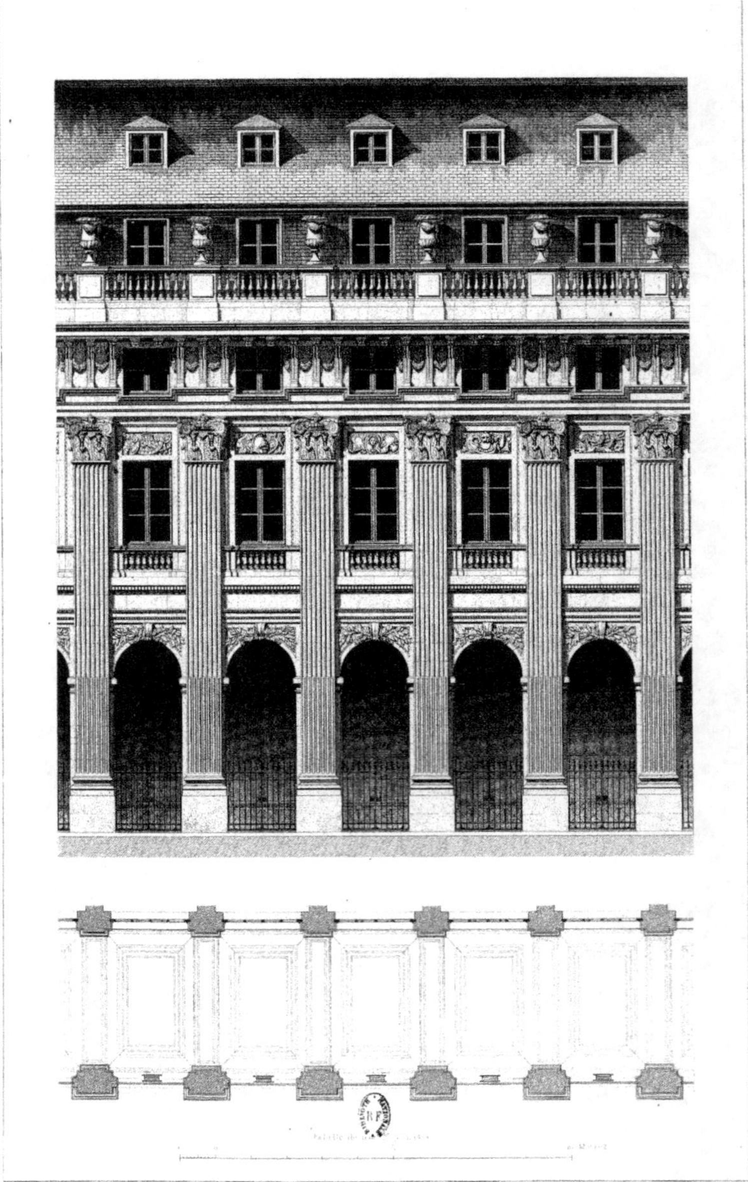

STYLE LOUIS XVI

PALAIS ROYAL — BATIMENTS SUR LE JARDIN — ELEVATION

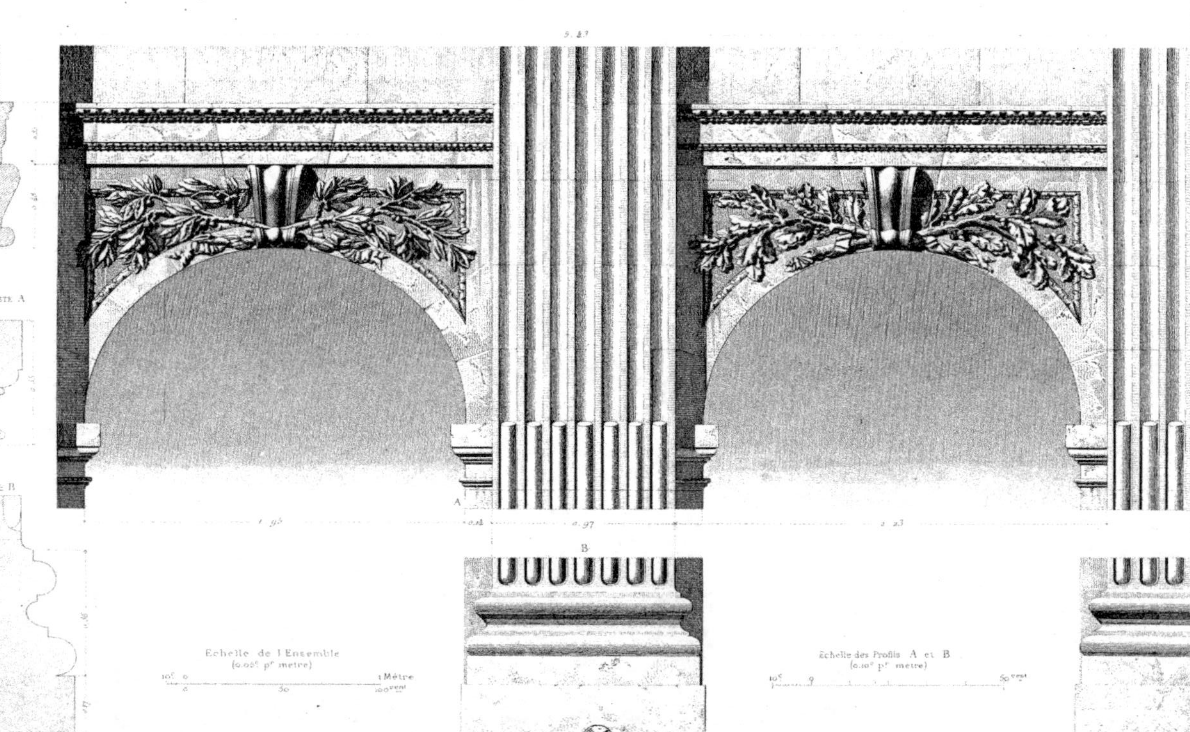

STYLE LOUIS XVI.
PALAIS ROYAL — BATIMENTS SUR LE JARDIN — ARCADES ET PILASTRES

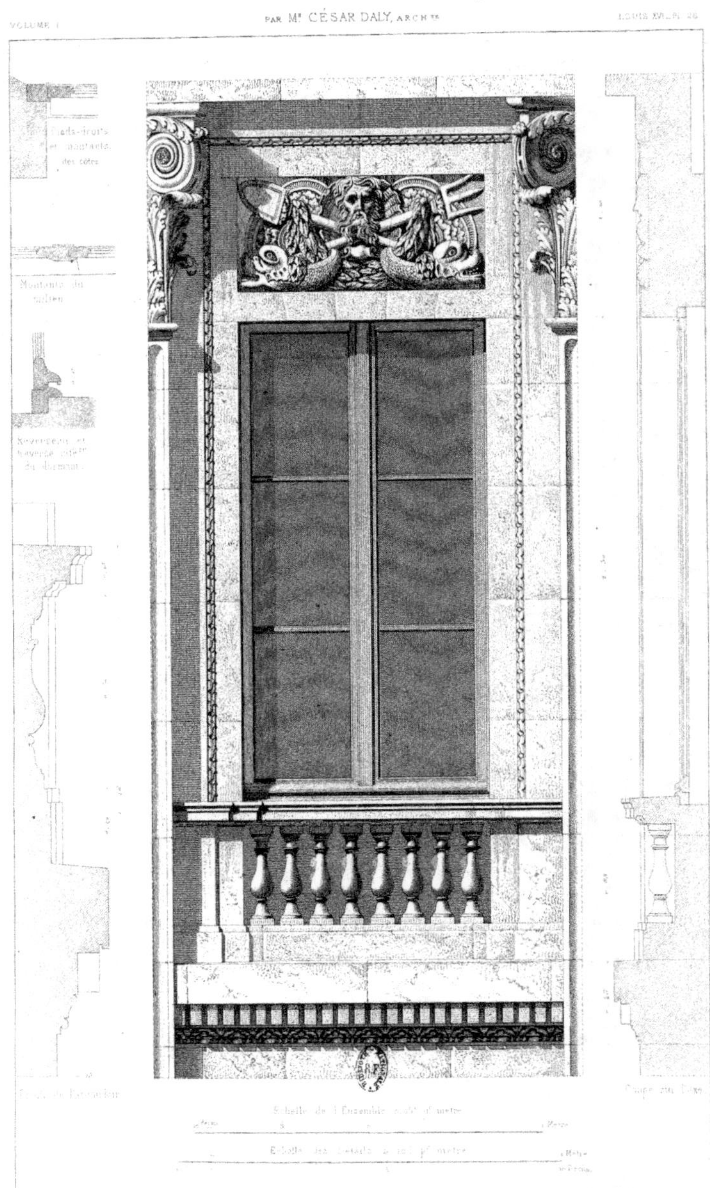

STYLE LOUIS XVI.

PALAIS ROYAL. — BATIMENTS SUR LE JARDIN. — CROISÉE DU 1er ÉTAGE.

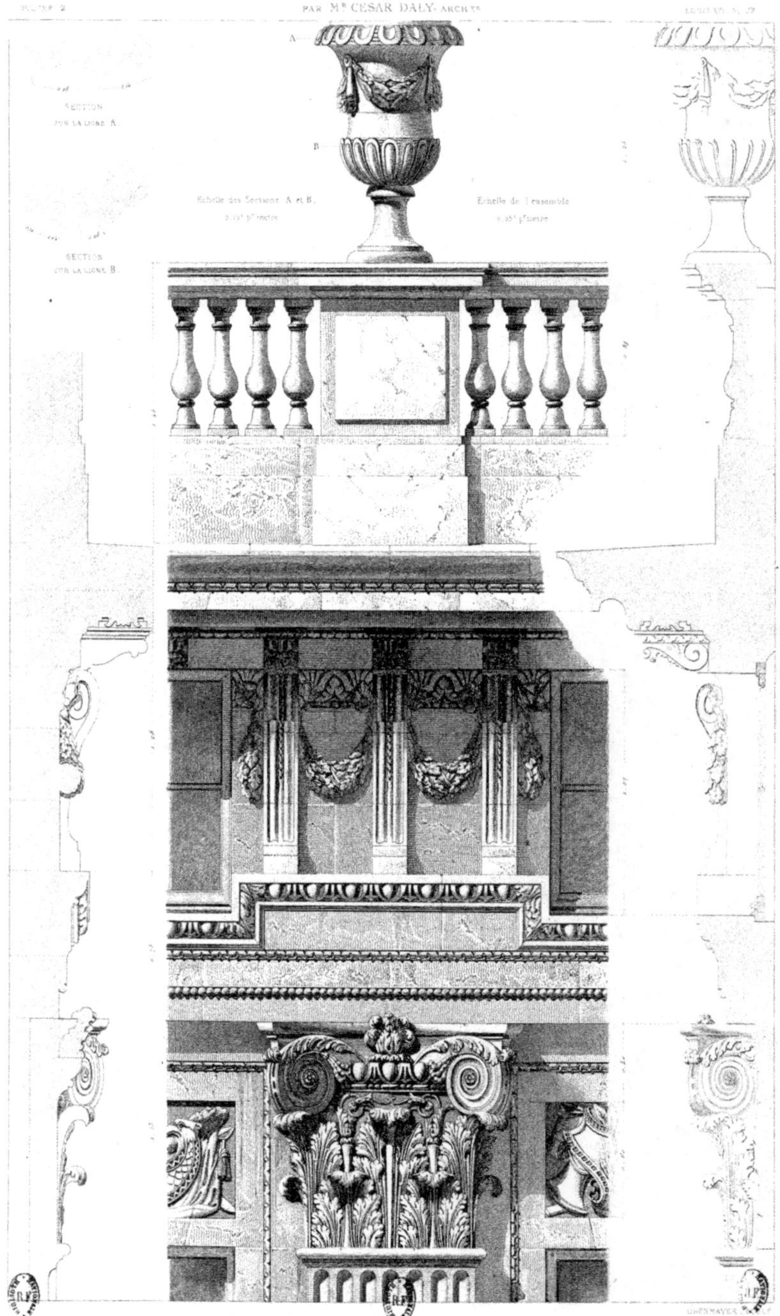

STYLE LOUIS XVI

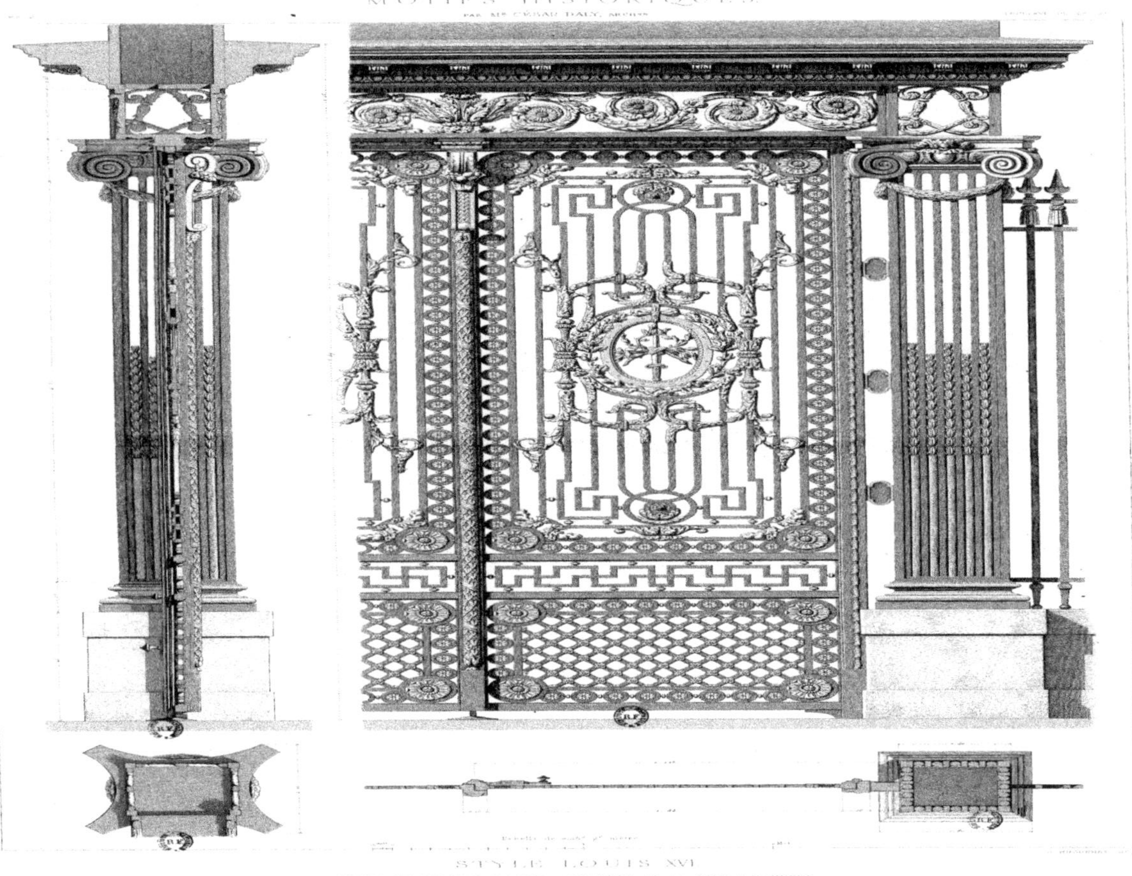

STYLE LOUIS XVI
PALAIS DE JUSTICE A PARIS. — CLÔTURE DE LA COUR D'HONNEUR

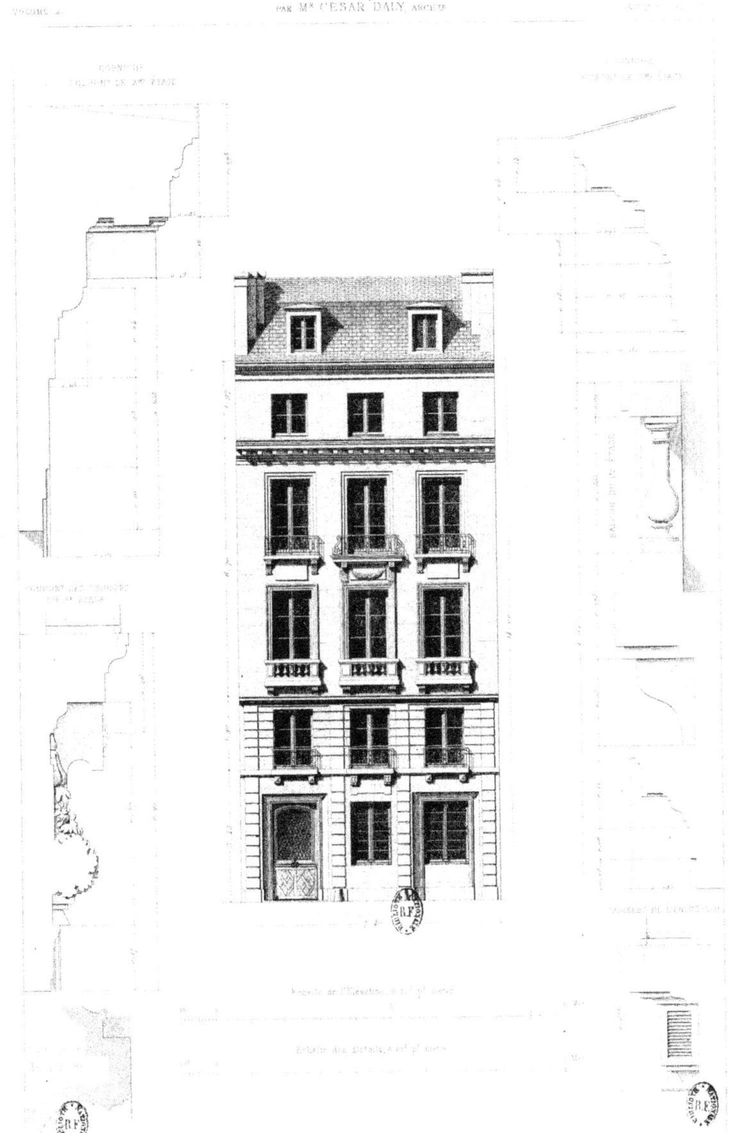

STYLE LOUIS XVI.

CLEF DE CROISÉE, RUE BONAPARTE

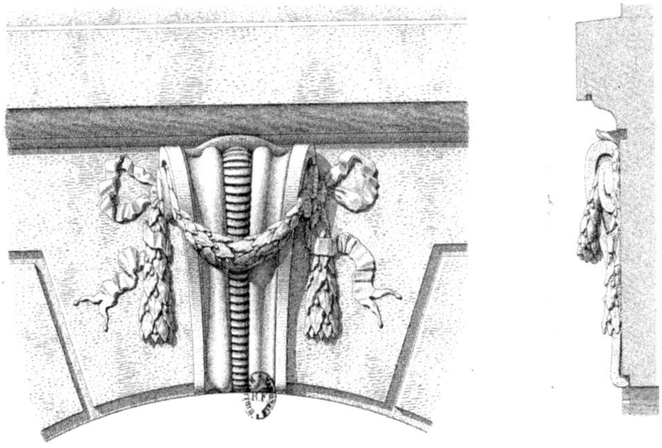

CLEF DE PORTE, RUE DES LIONS St PAUL

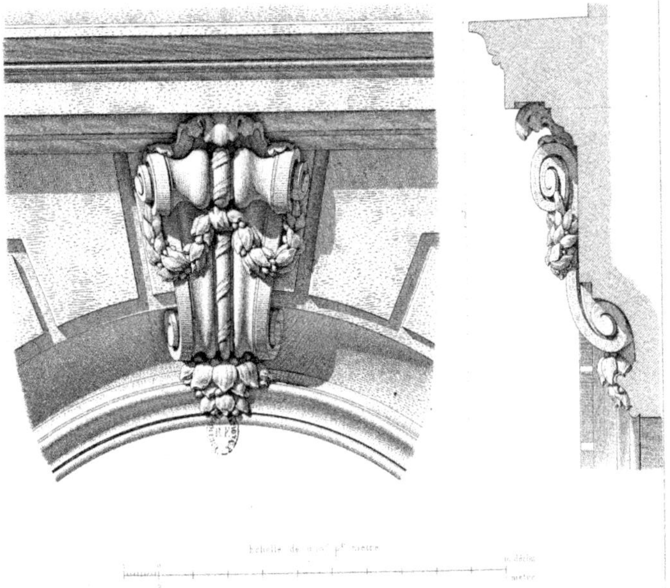

Échelle de 0,01 p^r mètre

STYLE LOUIS XVI

CLEF DE PORTE ET DE CROISÉE À PARIS

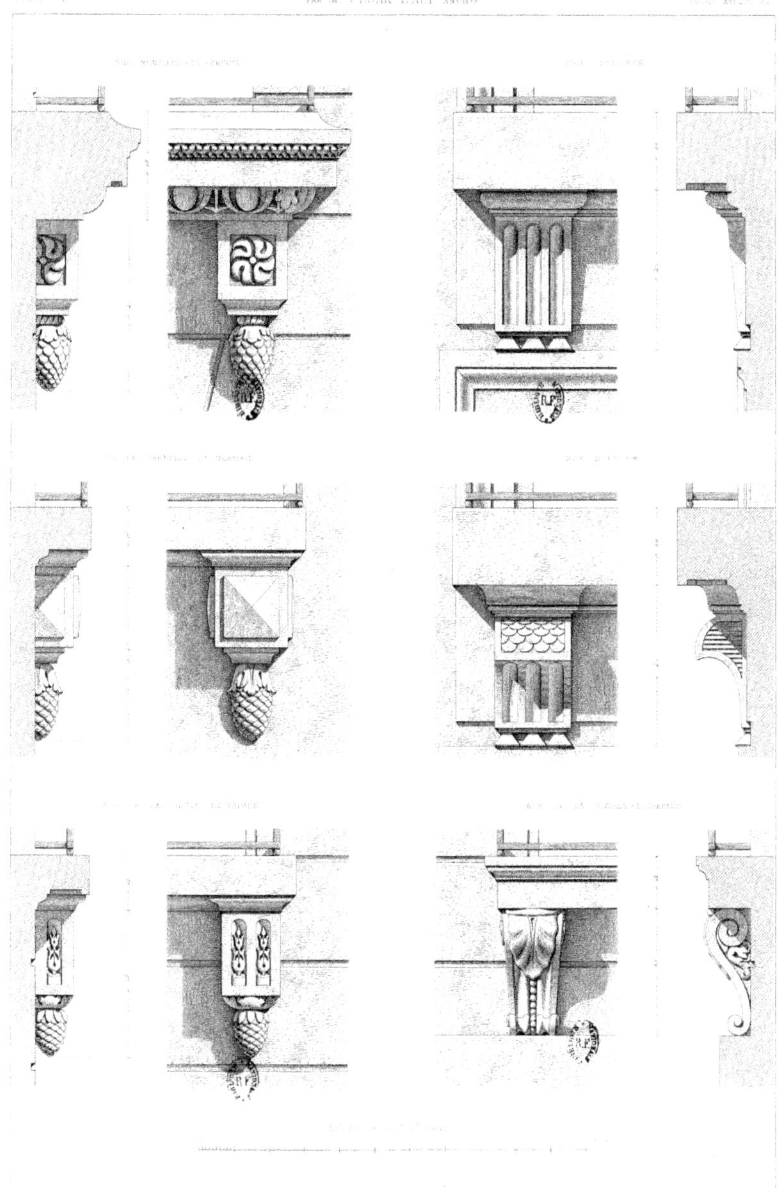

STYLE LOUIS XVI

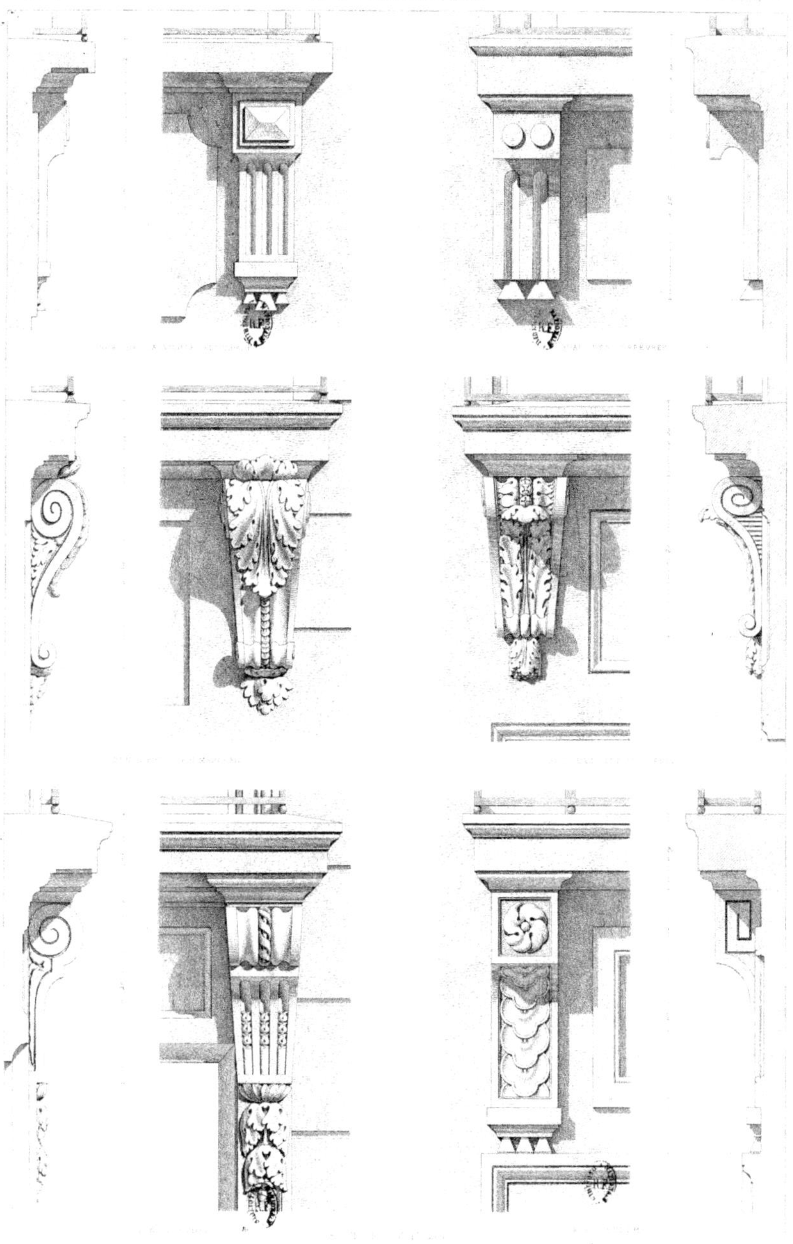

STYLE LOUIS XVI